産業革命

100 INNOVATIONS OF THE INDUSTRIAL REVOLUTION From 1700 to 1860

100の発明と技術革新

歴史図鑑

サイモン・フォーティー［著］
Simon Forty

大山晶［訳］
Akira Ohyama

原書房

Originally published in English by Haynes Publishing under the title: 100 INNOVATIONS OF THE INDUSTRIAL REVOLUTION From © Simon Forty 2019
Japanese translation rights arranged with J. H. Haynes & Company Limited, Somerset, England through Tuttle Mori Agency, Inc., Tokyo

産業革命歴史図鑑
100の発明と技術革新

2019年9月27日　初版第1刷発行

著者—————————サイモン・フォーティー
訳者—————————大山晶
発行者————————成瀬雅人

〒160-0022

東京都新宿区新宿1-25-13

電話・代表03-3354-0685

http://www.harashobo.co.jp

振替・00150-6-151594

ブックデザイン————小沼宏之［Gibbon］
印刷—————————シナノ印刷株式会社
製本—————————東京美術紙工協業組合

©Office Suzuki, 2019
ISBN978-4-562-05682-8
Printed in Japan

謝辞

❖ 本書はチームで取り組んだ成果である。ピーター・ウォラー、パトリック・フック博士、そして妻サンドラが資料を提供してくれなければ、本書を書き上げることはできなかっただろう。3人は資料を提供し、項目を書き留め、図版集めを手伝い、情報を提供してくれた。リスト作りを手伝ってくれたケリー・ウッドとリチャード・ウッドにも感謝している。

❖ 写真は多くのソースから使用させてもらった。とくにスタンレー・ミルの写真ではhttps://www.whateversleft.co.ukのトムに感謝している。また、Wellcome Collection(https://wellcomecollection.org/works) と Library of Congress(http://www.loc.gov/pictures/) はすばらしいオンラインの情報源を提供してくれた。商業図書館、とくにScience Picture Libraryと Getty Imagesにも感謝している

産業革命歴史図鑑
100の発明と技術革新

目次

序文	006
001 鋳鉄工場	012
002 ニューコメン機関	014
003 水力を利用した製糸工場	016
004 ロザラム・スイングプラウ	018
005 飛び杼	019
006 選別機	020
007 マデリーウッド・カンパニー	022
008 ニューウィリー製鉄所	024
009 水力送風機関	024
010 ミドルトン鉄道	025
011 コンクリートの再発見	026
012 ブリッジウォーター運河とバートン旋回水路橋	028
013 ハリソンの航海用クロノメーター	030
014 ソープ・ミル	032
015 ジェニー紡績機	033
016 ソーホー製作所	034
017 紡績機	036
018 チャンピオンの湿ドック	038
019 ビングリーの5層階段形閘門	040
020 中ぐり盤	042
021 スリー・ミルズ工場団地	043
022 国富論	044
023 ミュール紡績機	046
024 アイアンブリッジ	047
025 散弾製造塔	048
026 ピロスカフ号	050
027 ウィットブレッド機関	052
028 灯台の明かり	054
029 力織機	055
030 脱穀機	056
031 蒸気船による最初の定期運航	058
032 ガス灯	060
033 綿繰り機	062
034 水圧プレス	064
035 鋳鉄製の水路橋	066
036 ねじ切り旋盤	067
037 ディザーリントンの亜麻布工場	068
038 パフィング・デヴィル号	070
039 ハッテラス岬灯台	072
040 抄紙機	074
041 オルクトル・アンフィボロス	075
042 ミア・アラムの多連式アーチダム	076
043 オイスターマス鉄道	078
044 ダンダスの水路橋	080
045 雷管式点火装置	082
046 ガスの街路灯	083
047 ポートランド展望台	084
048 ベル・ロック灯台	086
049 カーン・ヒル連続閘門	088
050 ブリキ缶	090
051 ナショナル道路	092
052 スタンレー・ミル	094
053 パフィング・ビリー号	096
054 デーヴィー灯	098
055 最初のマカダム道路	099

056 フライス盤 ……………………… 100
057 ヘットン炭鉱鉄道 ……………… 102
058 アーロン・マンビー号 ………… 103
059 階差機関 ………………………… 104
060 ロバーツ織機 …………………… 106
061 ポルトランドセメント ………… 107
062 テムズトンネル ………………… 108
063 電磁石 …………………………… 110
064 自動ミュール …………………… 111
065 ストックトン&ダーリントン鉄道 … 112
066 エリー運河 ……………………… 114
067 メナイ吊橋 ……………………… 116
068 現存する最古の写真 …………… 118
069 ロイヤル・ウィリアム・ヤード … 119
070 バーミンガム運河水路網の水路橋 … 120
071 スタウアブリッジ・ライオン号 … 122
072 ロケット号 ……………………… 123
073 リヴァプール&マンチェスター鉄道 … 124
074 芝刈機 …………………………… 126
075 ジョーンズ・フォールズ・ダム … 127
076 ニューヨーク&ハーレム鉄道 … 128
077 ロンドン&グリニッジ鉄道 …… 130
078 電信機 …………………………… 132
079 グレート・ウェスタン号 ……… 134
080 加硫ゴム ………………………… 135
081 ペダル式自転車 ………………… 136
082 蒸気ハンマー …………………… 137
083 スクリューパイルの灯台 ……… 138
084 クロトン配水池 ………………… 140
085 ダルキー大気圧鉄道 …………… 142
086 グレート・ブリテン号 ………… 144
087 モールス符号 …………………… 146
088 ハウのミシン …………………… 148
089 アルバート・ドック …………… 150
090 水圧クレーン …………………… 152

091 ブリタニア橋 …………………… 154
092 コーリスの蒸気機関 …………… 156
093 ソルツ・ミル …………………… 158
094 水晶宮 …………………………… 160
095 ベッセマー転炉 ………………… 162
096 注射器 …………………………… 163
097 レディ・イザベラ水車 ………… 164
098 大西洋横断ケーブル …………… 166
099 スエズ運河 ……………………… 168
100 ロイヤルアルバート橋 ………… 170

索引 ………………………………………… 172

序文

通常、命がどれだけ続いたかを特定するのは簡単なことである。誕生があり、死があって、その間にあるのが人生だ。しかし影響やムーヴメント、そして意外にも発明といったものは、期間を特定するのが難しい。例として啓蒙運動を挙げよう。これは産業革命と時期が部分的に一致しているし、切り離して考えることもできない。いわゆる「理性の時代」は、一部の人々、とくにフランス人が主張しているように1715年に始まったのだろうか。あるいは、17世紀のもっと早い時代に科学革命とともに始まったのだろうか……それともコペルニクスが『天球の回転について』を発表した1543年を始まりとするのだろうか。ニュートンの『プリンキピア』が科学革命の終わり、あるいは「理性の時代」の始まりを告げたのだろうか。堂々巡りになってしまいそうだが、私たちがいわゆる産業革命を考える際、これはいたしかたない。ヴィリー・ブラントがドイツ民主共和国について語った有名な言葉(ドイツ民主共和国は「民主的でもなく、共和国でもなかった」)のように、産業革命は、しばしば産業的でもなく、革命でもなかった。出発点を特定できるわけではないし、そもそもいつ終わったのだろうか？ 誰が何を発明したかに関しては、特許や訴訟や国家の威信をめぐる泥沼のせいで、一見明白なことが微妙な真実を隠している可能性がある。

こういったすべての疑問を踏まえて、その要素を明らかにするのは著者の義務である。本書の出発点は簡単だ。まず、年代。これは1709年だ。次に人。これはエイブラハム・ダービーだ。第3に場所。これはコールブルックデールだ。項目についてはどうだろう。どのような項目を選ぶか、これはできるだけ偏りのないよう慎重を期したが、異なる考えをお持ちの読者もいるかもしれない。漏れがある、あるいは内容のバランスがとれていないと考える方にはおわびしたい。私は機械の進歩(技術的なことについて説明してくれたパトリック・フック博士に感謝する)と、今日見ることのできるものとを結びつけようとした。イギリスのあちこちで目につく産業遺産は、その明確な例だ。

本書の最初の項目で説明しているように、鉄がなければ、私が本書で取り上げた発明や場所の多くは存在しなかっただろう。コークスがなければ、いや、そもそも石炭がなければ、本書に登場するものの多く(橋から自転車まで)の原材料となる鉄は、十分頑丈にはならなかっただろうし、量も豊富に生産できなかっただろう。蒸気動力がなければ、こういった鉄製品は水力を利用して作らなければならなかった。水力は当然不安定だし、常に強い動力源であり続けることは難しかっただろう。本書の最初の8項目のうちの5項目は、こういったテーマに目を向けている。

本書に流れているテーマ、そして題材の選択を

▼シュロップシャーのセヴァーン峡谷にあるコールブルックデールは、産業革命の中心地だった。アイアンブリッジが写真中央に見える。渦巻く白いガスは、ビルドワス渓谷の今では閉鎖された発電所から立ち上っている。

English Heritage/Heritage Images/Getty Images

特徴づけるテーマはほかにもたくさんある。1709年のイギリスは農耕社会だった。畜産業と農業が多くの人々にとっての生計手段であり、一部の人間の富の源であった。当然、この地域の発展は、18世紀の新機軸に大きな役割を果たした。イギリスはまた、繊維製品製造にものめり込んでいた。これは長年にわたり変わらなかった。中世コッツウォルズのウール・チャーチ［裕福な羊毛商人が建てた立派な教会］やヨークシャーの大修道院が建てられたのは羊毛のおかげだ。上院の大法官の座る席は「ウールサック（羊毛袋）」と呼ばれている。綿産業がランカシャーに根を下ろすと、今度はそれが1世紀もしくはそれ以上、イギリスを支配することになった。本書で取り上げた新機軸と場所の多くは、絹、亜麻、麻に関係する産業の側面について検証している。これらの産業は全国の労働人口の1/10を占めていた。繊維工業の生産能力が向上したことにより、さまざまな社会的要因も相まって、動力源、精密機械、輸送、そしてもちろん工場が発展する道が開けた。

　結局のところ、産業革命というテーマを扱うのであれば、運輸や情報伝達を取り上げずにこのような本を作るのは不可能だ。運河、鉄道、機関車、橋、トンネル。18世紀と19世紀は、移動や情報伝達の速さが非常に大きく変化した時代である。イギリスだけではない。世界規模でだ。イギリス人は技術の発展や産業における優越性を当然

▲最初期のベッセマー転炉は、銑鉄をわずかな作業時間（とコスト）で鋼に変えた。19世紀半ばのこの発明で、鉄道建設が急増したことによる需要を十分満たせるだけの鋼を製造できるようになった。
Library of Congress

◀機械化以前には、家内工業に従事する者たちはわずかな生活費を稼ぐために糸を手で紡いだ。
nypl.digitalcollections

007

▶ジャマイカの奴隷が綿を袋に詰める様子を描いた19世紀初期の絵。綿繰り機の発明によって綿プランテーションが増大し、必然的に畑で働く奴隷の需要が高まった。
Library of Congress

▼このシェフィールドの製鉄所のような工場の発展は、人々を田舎から街や都会へと引き寄せ、イギリスではこれまでにないほど人口移動が活発になった。
Library of Congress

独占しておきたかっただろうが、情報伝達の進歩は、瓶に閉じ込められた精霊が飛び出して世界に情報を知らせるようなものだった。

18世紀以前には、ほとんどの科学的発見は、実用性ではなく純粋な科学によって推進されていた。実際、産業革命の初期には科学はほとんど関係していないと主張するひとも多い。もっとも、科学における進歩は繊維産業に即座に影響を与えたのだが。いろいろな意味で、いわゆる産業革命は、科学と理性が一体となって、それまで不可能だった装置や建物を造ることを可能にし、実用化した時代だと定義できる。科学革命は経験論を基盤にしているが、そもそも抽象的だ。啓蒙主義が哲学や思想に集中していたのに等しい。産業革命がそう名づけられたのは、それ以前のイギリスが農業社会で、ほとんどの人々が田舎で生活していたからかもしれない。産業革命以後は、都市に住み、暗くて邪悪な工場で働くのが趨勢となった。一方、革命はおおむね実用的なものごとに関係していた。機械化、大量生産、製造、といったことだ。移動手段を考えるのは個人の自由だが、そもそもペダルに動力を与えることができなければ、自転車を造ることはできない。

そう、本書の出発点と扱う範囲を決定するのは非常に容易だ。だが、本書はどこで終わるべきなのか？ 1851年の万国博覧会で終わればきりがよかったのだろうが、私はそのテーマが世界に及ぼした影響についても触れたかった。影響を語るのに大西洋横断ケーブルとスエズ運河以上のものがあるだろうか。どちらも大英帝国と英語圏を結びつけるのを助け、今日私たちが暮らしている世界に大きく貢献した。歴史家は産業革命が最初に高まりを見せたのはだいたい1860年以降だと示唆している。この時代には、成功だけでなく明らかな失敗もあった。収益性の悪い産業、一歩進むのがあまりにたいへんだった鉄道と運河、取って代わられた新機軸や製法といったものだ。また、産業革命は他の国々にも広がった。ベルギー（「大陸革命発祥の地」）は同様に石炭、鉄、織物、運輸を基盤にしていた。フランス（フランス革命によって縮小したものの）にも広がった。ドイツはそのナショナリズムが産業主義を育てた。アメリカもイギリスのあとに続き、19世紀末には産業で支配権を握るべく成長し始めた。1860年代から1870年代以降の第二次産業革命は、第一次よりもっと広範囲に及び、今日まで続いているという人もいる。

最後に、産業革命について明らかなことがふたつある。まず、個人と富の重要性だ。産業革命と金を切り離して考えることはできない。産業革命は金を持っている者、あるいは富裕な一族の人間、あるいは富を築きたい者によって推進された。なかにはタイタス・ソルトやジョン・ウィルキンソンのように、自分の雇用した労働者の面倒を見ようとした者もいるが、多くは蓄財できるこ

◀ オハイオ州クリーヴランドのホイットニー・オートマティック・ミラーズの作業場。より正確な作業ができるようになったことが、工作機械の進歩、交換可能な部品の製造、さらに工場の発展と機械化の拡大につながった。
NARA

とを喜んだ。そして投資家たちも他者のためを思って投資したわけではない。利潤を得るために投資したのである。

次に、先頭に立つ人々は、もちろん発明の才はあったが、ただの発明家ではない。実務家で、ものごとを成し遂げるのに生涯熱中した。ジェームズ・ワットしかり、モーズリー、スティーブンソン父子、ブルネル父子もそうだった。彼らの名は今も燦然と輝いている。例として、異なる時代のふたりの先駆者を取り上げよう。ジェスロ・タル（1674〜1741）とジョン・「アイアン・マッド（鉄狂い）」・ウィルキンソン（1728〜1808）だ。

種まき機で知られるジェスロ・タルの関心は、ひたすら農業に向けられていた。彼はオックスフォード大学とグレイ法曹院で学んだ紳士で、病気にならなければ政治か法律の分野で職に就いていただろう。父親同様農業に従事した彼は、手で種をまくのがいかに非効率的かに気づき、改善しようと決意した。まず彼は農業教育に目を向け、それから農機具を考案した。どちらもすぐには成功しなかったが、ヨーロッパからの帰国後、機械を完成させた。1731年には解説書、『新農法論』を出版している。この本については賛否両論あり、広く受け入れられたわけではなかったもの

の、何年かのうちにタルの考えは正当性が立証され、彼の農機は当たり前に使われるようになった。

ジョン・ウィルキンソンは非国教徒の家に生まれた。彼の妹は科学者で政治哲学者のジョセフ・プリーストリーと結婚している。ウィルキンソンはリヴァプールの商人に奉公したのち、1755年にウェールズのレクサム近くのバーシャム鋳物工

▼ ジェスロ・タルの1731年の種まき機。彼の著書『新農法論』より。本のなかで彼は自分の農法と新たな種まき機について説明している。彼の考えが広く受け入れられるには1世紀かかったが、それが農業革命の始まりとなった。
Wikicommons

009

▲万国博覧会は1851年にロンドンのハイドパークで開催された。産業革命の最新の成果が数多く展示された。
WikiCommons

場で父アイザックとともに働き始めた。1757年、ジュニアパートナー兼技術部長として、シュロップシャーのウィリーに高炉を建てるのを手伝った。彼の一生はまさに魅力あふれる物語で、亡くなったとき、遺産は現在の金額で900万ポンドにのぼった（彼の家族はそれからディケンズの小説のごとく遺言をめぐって争い、現金のほとんどは弁護士に流れた）。私はウィルキンソンが産業革命を総括していると思う。そして彼のお金の運命がヴィクトリア社会を総括していると思う！　彼のおもな業績、活動、挑戦は次のとおりだ。

- ❖ 1768年、ウィルキンソンはコークスを製造するために効率のよい炉を作った。
- ❖ 人生のほとんどを鉄製品の販売に費やしたが（ゆえに「アイアン・マッド」の異名を取り、鉄の棺で葬られ、墓には鉄のオベリスクが立てられた）、イギリス海軍が付着物を防ぐために船底を銅にすると決めると、コーンウォールの銅山の株を買った。「銅王」トマス・ウィリアムズと提携していたウィルキンソンは、パリーズ山のモナ鉱山の株と、ウィリアムズの会社の株を買った。ウィルキンソンとウィリアムズは取引用引換券を発行した最初の企業のひとつとなった。1785年には銅を売るため、コーンウォール金属会社を起こした。取引用引換券の事業のために、バーミンガム、ビルストン、ブラッドリー、ブリンボ、シュルーズベリーの銀行と提携した。
- ❖ レクサムのミネラにある鉛鉱山を買い、蒸気揚水機関を使って水から鉛を取り除いた。彼の鉛管工場はロンドンのロザーハイズにあった。
- ❖ 1774年、大砲の新たな鋳造法と中ぐり法で特許を取り、のちに蒸気機関のシリンダーで特許を取った。
- ❖ 1777年に自分の株をエイブラハム・ダービー3世に売却したが、それ以前の1775年、シュロップシャーの有名なアイアンブリッジの建造に力を貸した。
- ❖ 1776年、ジェームズ・ワットがウィルキンソンの家に滞在し、ブロズリーのウィルキンソンの工場に2基目の蒸気機関を据えつけた。

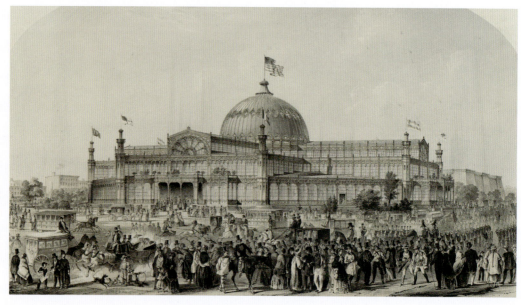

▶1853年にニューヨークで開催された万国博覧会。世界中の最新の発明とアイデアを展示する目的もあったが、新興の産業国としての国家の威信を見せつける目的もあった。来場者は100万人を超えた。
Library of Congress

◀ フォレスト・リヴァー鉛会社は1840年に創設され、鉛の薄板を製造した。
Library of Congress

- 1787年、彼はブロズリーで最初の鉄の荷船を製造した。荷船は運河でバーミンガム地域の鍛冶工場に条鉄を運んだ。
- 1778年からパリの水道設備のために鉄管を製造した。
- 1796年までにウィルキンソンはイギリスの鋳鉄の約1/8を製造していた。

▼ ジョン・「アイアン・マッド」・ウィルキンソンの肖像。80歳で亡くなるまでに、橋を建造し、運河と銅山に投資し、銀行を創設し、貨幣を鋳造した。ジョセフ・バンクス、ベンジャミン・フランクリンといった重要人物と親しく、さらに重要なのは他の多くの発明家を支援したことだ。
Wrexham Museum and Archives Service

▼ 1796年5月14日、8歳の少年ジェームズ・フィップスに初めて予防接種をするジェンナー。産業化で人々が寄り集まって暮らすようになると、病気の流行が促進された。清浄だった空気は有毒な化学物質で汚染され、河川(すでに下水で汚染されていることも多かった)は多くの場合、工場排水でさらに汚染された。ジェンナーはもっとも致命的な病気、天然痘の予防接種法を発見し、「免疫学の父」と呼ばれている。
Wellcome Collection

鋳鉄工場

001

エイブラハム・ダービー｜イングランド、シュロップシャー｜1709年

1709年、エイブラハム・ダービーが
鉄鉱石の製錬に初めてコークスを使用し、
それが産業革命の兆しとなった。

産業革命が始まる数千年前から、人類は鉄を製造していた。鉄器時代は前1200～800年頃に始まったと言われている。だが、鉄が豊富に供給されなければ、産業革命はけっして起こらなかっただろう。鉄鉱石を製錬して最初に得られる

▶コールブルックデールに現在も保存されているエイブラハム・ダービーの高炉。上部の横架材に1777年と書かれている。おそらくアイアンブリッジ（47ページ参照）建造の際に拡張されたのだろう。下部の日付についてははっきりわかっていない。1638という数字が読めるが、1658という日付の写った初期の写真もある。
Getty Images

銑鉄は、それまで木炭を使って製造されていた。木炭は木よりも高い温度で燃えるからだ。

炭素のなかでも軽い形状の木炭は、酸素を遮断した状態で木材を加熱して作られる。そのため、当初イギリスの鉄産業は、ケント州のウィールド地方のように、鉄鉱石を産出する森林地帯に集中する傾向があった。しかし木炭の使用には大きな問題がふたつあった。まずは需要に供給が追いつかなかったこと、それからイギリスでは森林が限られているのに、木材を必要とする場がほかにも無数にあったことだ。急速に成長していたイギリスの商船隊と海軍は、その最たるものだった。

銑鉄の生産力を大きく高めるには、何らかのきっかけが必要だった。そこに登場したのがエイブラハム・ダービー（1678〜1717）である。ダービーはクエーカー教徒、つまり生まれながらの非国教徒だったため、多くの同業者団体から締め出されていた（初期の商工業の先駆者にクエーカー教徒がきわめて多かったのはこのためだ）。彼はブリストルで黄銅の鋳造に携わっていたが、その後、同じ志の企業家グループと移転を決意した。

シュロップシャーのコールブルックデールに移住したダービーは、1708年9月、使われなくなっていた高炉を借り、翌年1月、初めて、「蒸し焼きにした石炭」（コークス）で銑鉄を製造している。この土地で産出される石炭は比較的硫黄分が少ないため製錬に適しており、木炭を使わずに鉄を製錬する方法が確立された。こういった小さなきっかけから、産業革命は始まったのである。

今日、ダービーの先駆的な高炉は、アイアンブリッジ峡谷ミュージアム・トラストのコールブルックデール産業遺跡に展示されている。これはこの一帯に点在する多くの博物館のひとつで、自ら「産業誕生の地」であると主張している。

▲ダービーの高炉は製造を停止したのち、しだいに目立たない存在になり、ある時点で撤去する計画が持ち上がった。しかし遺跡を発掘し保存することが決まり、1959年（最初にコークスが使用されて250周年）に小さな博物館がオープンした。1970年、コールブルックデール産業遺跡は新たに設立されたアイアンブリッジ峡谷ミュージアム・トラストの一部となった。古い高炉を覆う建造物は1981年に完成した。

Helen Simonsson/WikiCommons(CC BY-SA3.0)p.14-15

鋳鉄工場

ニューコメン機関

002

トマス・ニューコメン｜イングランド、コーンウォール｜1712年

蒸気動力を使った装置は、
鉱山から効率よく排水するのに欠かせなかった。
トマス・ニューコメンが1712年に開発した装置は、
最初の実用的な蒸気機関となった。

17世紀後期以降、多くの先駆者たちは蒸気動力を利用した機関で、炭鉱その他の鉱山から水を排出しようとした。鉱山への水の侵入は深刻な問題だったからである。

デヴォン州の技師トマス・セイヴァリ（1650頃～1715）は、1698年、「坑夫の友」と称する発明の特許を取った。出願書には「火の推進力で水を汲み上げ、あらゆる工場労働に役立つ新機軸」とある。しかし、実際はそのとおりではなかった。力を外部機器に伝えることができなかったからだ。ほぼ同時代のフランス人ドニ・パパン（1647～1713）はイギリスに長く滞在した人物で、1690年の論文『手軽に大きな力を得るための新たな方法』で蒸気動力について理論的に考察した。

セイヴァリの発想とパパンの理論を結びつけ、初めて蒸気機関の開発に成功したのが、やはりイングランド西部地方出身だったトマス・ニューコメン（1664～1729）である。ニューコメンの設計

◀ニューコメンの蒸気機関の模型。当初銅や鉛で造られたドーム型のヘイスタック・ボイラーが効率よく働き、さらにビームが動力をピストンからポンプへと伝えた。この機関はトマス・セイヴァリとドニ・パパンの業績によるところが大きい。

Getty Images

は、セイヴァリがレシーバーと呼んだ容器(特許によれば、蒸気はここで液化する)に代わり、パパンが考案したシリンダーを組み込んでおり、ピストンの動きがビーム機関に伝わるようになっていた。ビームのもう一方の側を坑道のポンプに鎖でつなげば、採掘場から水を汲み出せるというわけだ。

ニューコメン機関が最初にどこで成功したのか、正確な場所はわからないが、文書で確認できる最古のものは、ブラック・カントリー[イギリス中西部一体の工業地域の異称]に据えられた2基だ。そのうち古いほうは、ダドリー近くのコニーグリー炭鉱に設置されたと考えられている。これは1712年に使用が開始された。それから3年以内にコーンウォールの鉱山(ヘルストンの北西にあるフィールヴォア)で使用された機関についても記録が残っている。ニューコメンはセイヴァリのアイデアを参考にしたので、協定を結び、セイヴァリの特許のもとで製造を行った。

ニューコメンの発明がいかに重要だったかは、彼の機械が数多く設置されたこと(彼が死ぬまでに約100基)、イギリスだけでなく遠く離れた地域でも広く導入されたことでわかる。ニューコメン機関は西欧および中欧、さらにはイギリスの北米植民地における初期の石炭産業でも使用された。

▲1986年、ダドリーのブラック・カントリー博物館は、トマス・ニューコメンが1712年に世界で初めて組み立てた蒸気機関の、動くレプリカを公開した。これはダドリー卿の所領にある炭鉱から水を汲み上げた。

▶ニューコメン機関。シリンダー(B)の直下にあるボイラー(A)が、ごく低圧の蒸気を大量に作り出す。機関の動きは揺れ動く「大きな平衡ビーム」によって伝わり、ビームの支点(E)は機関を収めた構造物の高い壁の上にある。ポンプの棒はビームの片方のアーチヘッド(F)から鎖で吊るされ、もう片方のアーチヘッド(D)からピストン(P)が吊り下げられてシリンダーの中で上下する。シリンダーの上端、つまりピストンの上部は開放されているが、下端は蒸気の通るパイプによってボイラーとつながっている。ピストンは革製の輪形のシール材で包まれているが、シリンダーの穴は手仕上げで完全な円ではないため、ピストンの上面にシーリングするための水を張っておく必要があった。機関上部の高い位置には水のタンク(C)が設置され、小さなアーチヘッドから下がった機関内部の小さなポンプによって給水される。タンクが冷水をスタンドパイプ経由で供給すると、それによってシリンダーの蒸気が冷えて液化する。パイプの分岐からはシリンダーをシールする水が供給された。ピストンが上端まで上がるとシーリングしていた余分な温かい水はあふれ、構造内の井戸とボイラーへとつながる2本のパイプに流れ込む。水と蒸気の入り口と出口は3つのバルブでコントロールされる(V、V'、V")。

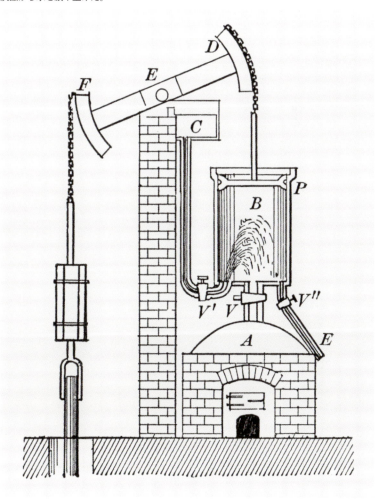

水力を利用した製糸工場

003

ジョン・ロウム｜イングランド、ダービシャー｜1721年

工場主が技術を利用した
大量生産を目論むなら、
多層建築の工場は絶対不可欠だった。
ジョン・ロウムがダービーに建設した
製糸工場の先駆性は広く認められている。

ウィリアム・ブレイクの詩『エルサレム』では、「暗く悪魔的」と形容されているが、多層建築の工場が開発されなければ、産業革命を代表する綿産業や羊毛産業の急成長は不可能だった。

イギリスの人口が増加し、国が繁栄していくなか、従来の製造法ではもはや需要に応えることはできなかった。その結果、製品の価格は上昇する。絹の靴下も影響を受けた商品のひとつだ。伝統的に機械編物工によって作られる靴下は、当初

▲17世紀に描かれたジョン・ロウムのダービーの絹糸工場。ロウムの一族は繊維産業に深くかかわっていた。父は毛織物の織工で、異母（または異父）兄は裕福な絹商人となった。

Getty Images

▲ロウムが建てた工場は200年近く残っていたが、1910年の火事でひどく損傷した。再建された工場は焼け残った部分も組み入れ、1970年代に博物館に生まれ変わった。
Getty Images

おもに南東部で製造されていた。しかしやがてこの産業はイングランド中西部に移り、最初の工場がダービーに建設される。流れの速いダーウェント川を擁し、ロンドンとカーライルを結ぶ主要道路の走るダービーは、水力を利用した製糸工場を造るのに理想的な土地だったのだ。最初の工場は1704年にトマス・コチェットが建設し、失敗に終わったものの、10年後、ジョン・ロウム（1692〜1722）が建設した工場は成功を収めた。

ノリッジ生まれのロウムは1716年、イタリアのピエモンテ地方に渡り、地元の工場に就職した。彼は夜な夜なろうそくの明かりでこの工場の製糸機械の写しを描き、得た知識をイングランドに持ち帰ると、異母（あるいは異父）兄トマス（1685〜1739）、技師ジョージ・ソロコールド（1668頃〜1738頃）とともに、コチェットの失敗した工場の隣に新たな工場を建てた。

1717年から1721年にかけて建設された5階建ての工場は、ダーウェント川が下を流れるよう、石の連続アーチの上に建てられていた。ソロコールドは「撚糸機」と呼ばれる円形の紡績機に動力を供給するため、直径7mの下射式水車を設置した。この水車の車軸が垂直シャフトを動かし、各階に動力を送る。レンガ造りの建物は長さ33.5m、幅12mで、最盛期には約300人の労働者を雇っていた。完成時、おそらく世界初の完全に機械化された工場だった。

ジョン・ロウムは工場の製糸機の特許を取得したが、サルデーニャ王（当時サルデーニャは、地中海の島をはるかに越え、現在われわれの知るイタリア本土北部にまで領土を広げていた）にしてみれば、心穏やかではいられない。ロウムは産業スパイの先駆けだったと言えよう。王は生糸の輸出を禁止した。わずか30歳という若さでロウムが亡くなったのは、復讐されたのではないかとも言われている。

1732年に特許が切れると、絹の製糸はイギリスでさらに広がった。ロウムの工場も絹糸製造を続けたが、1908年に咳のチンキ剤その他の薬剤を製造する会社に売却された。2年後、工場は大火でひどく損傷したが、焼け残った部分は再建された建物に組み込まれた。近くの発電所の売店として使われた後、建物は1970年代にダービーの産業博物館として生まれ変わった。建物は今ではダービー・シルク・ミルとして知られている。

水力を利用した製糸工場

ロザラム・スイングプラウ

004

ジョセフ・フールジャム｜イングランド、ヨークシャー｜1730年

ロザラムのスイング・プラウは従来の
プラウ［土を耕す農具］を初めて大きく改良し、
広く製造され商業的にも成功を収めた。

▶ロザラム・スイングプラウが使われた当時の図版。「農民が注意深くみごとにプラウを操っている」というキャプションがついている。
Wellcome Collection

▼1770年までにロザラム・スイングプラウはイギリス、フランス、北米で使われるようになった。写真はロザラム博物館に展示されている複製品。
Alamy

　人類が農業を開始して以来、食料となる穀物を育てるには種をまく必要があった。考古学者によれば、土を耕す最初の原始的な道具は、使いやすいよう大ざっぱに形を整えた木の枝だったようだ。人類はある時点で、動物や人間が引く原始的なプラウを考え出した。古代エジプト人は原型とも言うべきこういった道具を若干改良したが、数千年間というもの、大きく変化したわけではなかった。1600年代、干拓のために土地の排水を始めたオランダ人は、まもなくもっと良いプラウが必要だと気づいた。そこで彼らが模倣したのが中国の犂(すき)である。これは土を撥ね上げるためのカーブした板がついたもので、板の先は鉄で覆われ、深さを調節できる刃がついていた。

　こういった調節ができると非常に効率がよいとわかったので、東アングリアの湿地やサマセットの沼地の排水を請け負ったオランダ人土建業者も、この手のプラウを使用していた。ロザラムから来ていたジョセフ・フールジャムはこれに気づき、さらにアイデアを加え、できあがった農具で1730年に特許を取った。これは鋳鉄製で、デプスホイールはなく、地面のでこぼこにうまく沿うようにできていて、効率よく耕せるだけでなく、引っ張る動物の数も少なくて済んだ。まもなく新しいプラウはイギリス全土で人気を呼ぶことになる。

　1760年代までにフールジャムはイングランドのロザラムにほど近い工場でプラウを大量生産し、ロザラム・スイングプラウと名づけた。おそらく彼のもっとも大きな業績は、プラウの部品を規格化し、交換可能にしたことだろう（それまでは、どの機械も使い捨てで、共通する部品をプラウ間で交換することはできず、作るのも高くついた）。その結果コストも下がり、フールジャムのプラウは、他のプラウには手の届かない農民でも手に入れることができた。1770年までに多くの工場がロザラム・スイングプラウの製造を開始し、イギリスとフランス、さらには北米で使用されるようになった。

飛び杼
（ひ）

005

ジョン・ケイ｜イングランド、ランカシャー｜1733年

> 飛び杼は製織のスピードを大いに速め、
> 製造に要する時間を短縮し、コストを
> 削減することによって織物業に革命をもたらした。

18世紀、製織は大きな労働力を要した。程度の差はあれ、どの手順も人の手でゆっくり行われていたからだ。作業速度を上げることが最優先事項で、とくに織りに関係する場ではそうだった。杼が機を通過するのにかかる時間（杼は縦糸の間に横糸を通す）を短縮するのが一番の課題で、ジョン・ケイは「車輪付き杼」という道具を考案した。これは幅広の織機でも素早く動かすことができるため、織物がずっと速く製造できるようになった。ひとりで操作が可能なため、1台の織機に労働者がふたり就く必要がなくなった。

ジョン・ケイ（1704～79）は1733年に最初の特許を取得したが、2年を費やしてさらなる改良を進めた。その間に共同事業者を見つけ、杼を市販すべく製造を開始した。残念ながら、産業界には動揺が走った。とくにコルチェスターの手織り職人は自分たちの生計が成り立たなくなると腹を立て、王であるジョージ2世に発明品を正式に禁じるよう陳情したが失敗に終わっている。

ケイは自分の発明品を「車輪付き杼」と呼んだが、まもなく一般には「飛び杼」と呼ばれるようになった。織機を行き来するスピードがあまりに速かったからである。だがそのために問題も生じた。新たな杼を使うことで織物の生産能力は2倍になったのに、糸の製造があまりに遅く、結果的に需要についていけなかったのだ。

残念ながら（発明家にはありがちだが）、ジョン・ケイはこの事業であまり金を稼ぐことができなかった。特許権を侵害されて訴訟を起こしたものの、勝ち取った賠償金よりもかかった裁判費用のほうが多かったからである。また、工場主が「シャトルクラブ」と呼ばれる組合を結成して団結したことも大いに響いた。この組合は被告人の裁判費用を肩代わりしてやったからだ。イギリスで特許権使用料を徴収できないことに不満を感じた彼は、フランスに移住して利益を上げようとしたが、失敗に終わっている。

◀「ランカスターの偉人、ベリーのジョン・ケイ」。飛び杼の発明家。
Getty Images

▼ジョン・ケイが設計した飛び杼。先端に鉄を使って強度を高めている。また、摩擦を減らすために下面にローラーがついている。下のものにはピンがふたつついていて、糸を2本どりにして織ることができる。
Getty Images

選別機

006

アンドリュー・ロジャー｜スコットランド、ロックスバラシャー｜1737年

何千年もの間、穀類とくずを分ける作業は風に頼っていた。
選別機の発明は農業に新時代の到来を告げた。

歴史的に、農業労働者は穀類の実と殻(と他の好ましくないくず)を分けるのにつねに風を利用してきた。この風による選別は非常に長きにわたり行われており、旧約聖書でも触れられている。原理は簡単だ。茎からはずした穀類を空中に放り上げる。軽い物質は風で引き離され、吹き飛ばされる。一方、比較的重い実の部分は地面に落ちる。だが風が強すぎても弱すぎてもこの作業はうまくいかない。

スコットランドの農夫、アンドリュー・ロジャーはその解決策を考えついた。1737年、ロックスバラシャーの農園で働きながら、彼は自ら「送風機」と呼ぶ装置を開発した。これは大部分が木製の簡素な機械だが、手回し式で人工の風を起こすことができる。つまり、いかなる天候でも選別ができるわけだ。

▼選別機がいかにして実と殻を分けるかの図解。
Flappiefh/WikiCommons

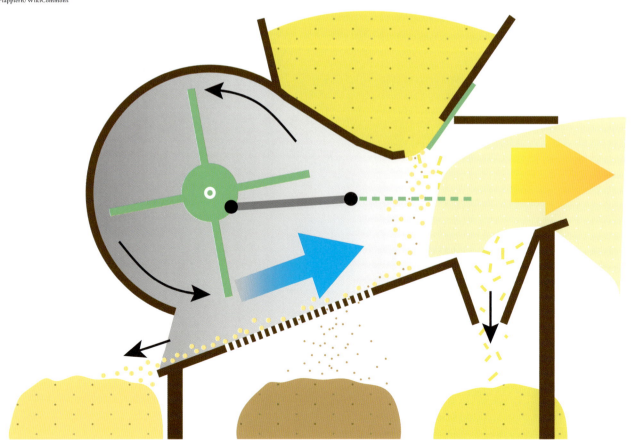

▲ギュスターヴ・クールベ「小麦をふるいにかける女」、フランス、ナント美術館所蔵。穀物を選り分ける3つの方法が描かれている。左側のもっとも原始的に穀物を手で選り分けているけだるそうな女性の様子から、その作業がいかに退屈でさえないものだったかがわかる。中央に描かれた若い女性はもう少し手早くできる仕事を引き受けているが、難しい姿勢はそれでもまだつらい仕事だったことを示している。しかし右側では子供が選別機を操作しており、機械を取り入れることで仕事が軽減されているのがわかる。

Getty Images

　操作者が一定の速さでハンドルを回すとファンが回って強い風が起こり、それが狭い水平のダクトに導かれる。十分なスピードで空気が流れるようになったら、機械の上部にあるじょうごに穀類を注ぎ入れてよい。穀類が風の中を通るやいなや軽いくずはつかまり、反対側に吹き飛ばされる。実の部分は比較的重いので下に落ち、斜面を滑って収集場に入る。単純だが効果的なシステムで、農夫の手で吹き飛ばすタイミングをはかることができる。

　風は神が与えたもうた自然の装置なので、送風機を使うのは罪と考える聖職者もいた。それにもかかわらず、アンドリュー・ロジャーの一族は長年にわたりこの装置を売って成功を収めた。しかし産業革命が進行すると、もっと機械化された製品にしだいに取って代わられるようになった。

マデリーウッド・カンパニー

007

イングランド、シュロップシャー｜1750年代

マデリーウッドの工場は、コークスで鉄を製錬するために建設された最初の工場のひとつだ。したがって、木炭の代わりにコークスを使って製鉄をした世界最古の製鉄所のひとつということになる。

ベドラム高炉とも呼ばれるマデリーウッド・カンパニーは、セヴァーン川の北岸近く、シュロップシャーのブリスツ・ヒルの西1.6km、レンガ工場やタイル工場、高炉、炭鉱、鉄鉱山、耐火粘土産地の拠点にあった。

1750年代中期から末期にかけて、イングランドの鉄産業は七年戦争（1756～63）で需要が伸び、活況を呈していた。その頃には工場主も、木炭よりコークスで製造した鉄のほうが上質だと認めていた。そこで経済観念から、炭田のそばに高炉が建設されることになった。その時代だけで9基のコークス高炉がシュロップシャーの炭田に建設されている。

産業革命の初期にあたる1756年に建設されたマデリーウッド・カンパニーは、おそらくこちらのほうが有名だろう、「ベドラム」製鉄所という名でも知られていた。そう呼ばれるのはベドラムホールと呼ばれるジェームズ1世時代の屋敷に隣接しているからで、工場から発せられる熱や騒音のためではない［bedlamという語は「騒々しい場所」を意味する］。

この会社は地元の人間12人が共同出資して立ち上げた。14.5kmも離れていないブリッジノースより遠くの人間はひとりもいなかった。出資者のひとり、ジョン・スミスマンはこの地方の地主でマデリーの領主だった。

マデリーウッド・カンパニーは2基の高炉を建て、1757年から58年にかけて稼働させていた。製鉄所は、産業革命の一番の原動力となった石炭と鉄鉱石を採掘するため、マデリー地区で鉱区賃貸借を行っていた。高炉そのものは、鉄を木炭ではなくコークスで製錬するために最初に設計され建設された建物のひとつだった。地元の他の工場と同じく、カンパニーは1日24時間高炉を稼働させた。しかし炉の状態にもよるが、日曜の数時間、普通は午前9時か10時から午後4時か5時までは製錬を中止し、労働者に数時間の休憩を与えた。これは非常に人道的な扱いと考えられていた。これ以上中断すると炉が冷えすぎて、8日から10日間、生産できなくなるからだ。

1776年、マデリーウッド・カンパニーはコールブルックデール・カンパニーに買収された。その結果誕生した組織は1797年に再編成され、コールブルックデールはウィリアム・レイノルズ商会に吸収合併された。1780年代までにイングランド産の鉄のほぼ1/3がシュロップシャーで製造されるようになっていた。

▼フィリップ・ジェームズ・ド・ラウザーバーグ（1740～1812）の油彩画。コールブルックデールの製鉄所に対して大衆が持つイメージの典型となった。夜間、高炉の炎や火花から光が発せられるさまは、まさにこの世の地獄だ。シュロップシャーのこの地域は近くに炭田があり、セヴァーン川の豊かな水が供給されるため、またたく間に多数の製錬工場が建設された。
Getty Images

ニューウィリー製鉄所

008

イングランド、シュロップシャー｜1757年

ニューウィリー製鉄所は重要かつ革新的な工場団地で、
最初に蒸気動力を利用しただけでなく、世界で初めて鉄の船を建造した。

イブラハム・ダービーがコークスによる鉄の製錬に成功したのち（12ページ参照）、シュロップシャーの製鉄業は重要な発展を遂げる。ダービーの高炉は鋳鉄を製造していたが、これはもろく、もっと打ち延ばしやすい鍛鉄、あるいは鋼に加工するには再び溶かす必要があった。工場主たちはこの工程を炉床に覆いのない精製炉で行ってきたが、18世紀に、鋳鉄を再溶融する新たな方法がここで開発された。シュロップシャー、ブロズリーの南にあるニューウィリー製鉄所は、工場主が新たな工程と製品を試し発展させたもっとも重要な場所のひとつだ。

18世紀半ばから末にかけて、「アイアン・マッド（鉄狂い）」の愛称を持つジョン・ウィルキンソン（1728～1808）は、もっとも重要な製鉄業者のひとりだった。1755年、彼はレクサム近くのバーシャム高炉の共同経営者となり、その2年後、パートナーとともに今度はウィリーに高炉を、その後さらにニューウィリーに高炉と工場を建設した。1768年、彼はコークスを製造するためにもっと効率のよい炉を造った。彼の関心はのちに南シュロップシャーや南スタッフォードシャーへと広がり、1774年には鋳鉄の塊を正確にくり抜く技術（42ページ参照）を考案した。

1763年に開いたニューウィリー製鉄所はディーンブルックバレーに位置し、2基の高炉、革新的な鋳造工場とボーリング工場、路面軌道、付属設備からなっていた。また、工場団地の動力の足しにするため、13世紀の鹿猟園の水源を近代化して水を管理する計画が立てられた。工場は蒸気動力を念頭において建設されたようで、

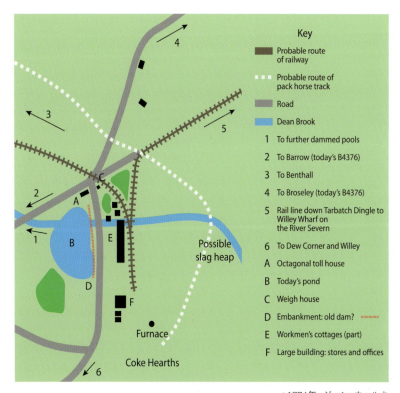

1776年、ボールトン＆ワット社の蒸気機関（52ページ参照）を導入した最初の工場のひとつとなった。鋳造工場は世界初の鉄製の船（トレイル号）を建造したことで名高い。これは1787年に完成した。

ニューウィリー工場団地の大半は1804年に閉鎖されたものの、小型の高炉は1920年代まで操業を続けた。多数の建物（機関車庫など）が残存しており、多くの倉庫や労働者用住宅といったものが今ではイングランドの2級指定建造物となっている。2基の高炉など、ほかにもこの一帯に埋まったままの建造物があると考えられている。

▲1774年、ジョン・ウィルキンソンはニューウィリー製鉄所工場団地に蒸気機関を動力として取り入れた。蒸気機関が鉱山ではなく工場に導入された最古の例のひとつだ。図は1882年の製鉄所の様子。
Ralph Pee

水力送風機関

ジョン・ウィルキンソン｜イングランド、スタッフォードシャー｜1757年

水力送風機関の発明により、
良質な鉄の供給が可能になった。
この機関がなければ産業革命において
これほど技術が発展することはなかっただろう。

良質な鉄の製造には高い温度が必要とされる。そのためには高炉に大量の酸素が供給されなければならない。ゆえに鍛冶屋はふいごを使って火に風を送る。材料が少量の場合にはふいごで事足りるが、工業規模で行う場合には、人力で空気を送り込むのは骨が折れるし、温度を一定に保つのも難しいためうまくいかない。

イギリスの実業家、ジョン・「アイアン・マッド」・ウィルキンソン（1728～1808）は解決策を求め、1757年に水力送風機関の特許を取得した。高炉に大量の空気を吹き込んで炉が効率よく働くように設計された機械だ。これにより大成功を収めたウィルキンソンは、「南スタッフォードシャーの製鉄業の父」と呼ばれるようになった。

この先駆的な発明は、たちまちのうちに良質な鉄製品の大量生産を可能にし、衰退が危ぶまれていた石炭産業と製鉄業の急速な発展を可能にした。わずか10年の間に、ウィルキンソンはブラッドリー、ビルストン、スタッフォードシャーに製鉄所を建設した。総面積35haに及ぶ大事業で、高炉や圧延工場や鍛冶工場だけでなく、労働者住宅もそこには含まれた。また、ガラス工場、運河の船着き場、化学工場も建設された。

この時代、製造される鉄のほとんどは鋳鉄だった。従来の製品に比べれば品質は大きく向上していたものの、比較的もろかったため、技師はこれを使った建造物の設計に非常に注意を払わねばならなかった。さもなければ大惨事につながりかねないからだ。状況を改善するため、ウィルキンソンは10年後、鍛鉄（工学的性質はこちらのほうがずっと優れている）の大量生産に着手した。産業革命を代表するさまざまな建造物が実現可能になったのは、そのおかげといっても過言ではない。

▲ジョン・ウィルキンソンが1757年に考案した水力送風機関のおかげで良質な鉄の大量生産が可能になり、この時代の他の進歩につながった。このウィルキンソンの肖像は、無名の画家によるもの。

Wolverhampton Arts and Museums Services

ミドルトン鉄道

010

チャールズ・ブランドリング｜イングランド、リーズ｜1758年

ミドルトン鉄道は法令により建設された最初の鉄道だった。蒸気機関車を営利事業として走らせた最初の鉄道でもある。

最初の鉄道は、産業革命以前に誕生した。イギリスでは、16世紀末に原始的な馬車軌道が初めて登場している。たとえばリヴァプール近くのプレスコットに敷かれた約1.6kmの軌道は、1590年代、地元の炭鉱王フィリップ・レイトンのために、プレスコット・ホールから石炭を運んでいた。1603年から04年にかけて、ストレリー炭鉱の賃借人ハンティンドン・ボーモントは地元の地主サー・パーシヴァル・ウィロビーと組んで、ノッティンガムシャーにウォラトン馬車軌道を建設した。これも石炭を運ぶためである。

こういった初期の馬車軌道は、粗末な木製レールを使用していたが、そのレールを鉄の車輪のついた荷馬車で走ると、道路を行くよりもずっと大量の石炭を運ぶことができた。こういった路線は、炭鉱と石炭の利用者、あるいは積み替えする場所（川や運河）を結ぶ程度の比較的短い距離だったため、ひとりかふたりの地主から土地を賃借すればよかった。しかしもっと広い土地に路線を敷く大規模な計画を実行するには、関係する土地所有者も多くなるため、別の法的な構えが必要となった。

リーズの南西にあたるミドルトン地域では、13世紀から石炭の採掘が行われていた。だが川に近い他の鉱山では石炭をもっと簡単に出荷できたので、18世紀半ば、当時の地元の炭鉱主チャールズ・ブランドリング（1733～1802）は競争で不利な立場に追い込まれていた。ブランドリングの代理人リチャード・ハンブルは彼の故郷である北東部の技術を生かすことに決め、1754年、ミドルトンのために馬車軌道を建設した。この最

▲1814年に出版された『コスチューム・オブ・ヨークシャー』には、19世紀初期の典型的な作業服を着た人々の版画が収められている。この坑夫の絵の背景にはミドルトン鉄道の機関車サラマンカ号が描かれている。急勾配で滑らないようにするため、歯型のレールと歯車式の車輪が使われた。
New York Public Library Digital Collection

初の路線はブランドリングの所有地しか通らなかったので、許可を得る必要はなかった。しかし3年後、もっと大がかりな計画に着手するため、ハンブルは議員法の制定を求めた。ブランドリングは1758年6月9日にミドルトン鉄道建設に対する国王の裁可を受けた。これは鉄道建設のために議会の力が発揮された最初の例である。原則が規定され、19世紀初頭以降、鉄道建設にはほとんどの場合、議員法の通過が必要となった（1896年の軽便鉄道法通過まで）。法令は鉄道建設の発起人に、建設予定地を強制的に買い上げる権利を与え、新たな路線への出資も規制した。

ミドルトン鉄道が工業国イギリスの発展のために寄与したのはこれだけではない。19世紀初頭、炭鉱の支配人ジョン・ブレンキンソップ（1783～1831）は、蒸気牽引で石炭車が急勾配を上れるように、歯型のレールがついた新たなタイプの鉄の軌道（1811年に特許取得）を開発した。最初の機関車は、トレビシックが造った「キャッチ・ミー・フー・キャン」号を手本にマシュー・マレー（1765～1826）が設計したもので、1812年に走行を開始した。先駆的な2本のシリンダーを搭載したこの機関車、サラマンカ号により、ミドルトン鉄道は蒸気機関車を営利事業として走らせた初めての鉄道となった。

コンクリートの再発見

011

ジョン・スミートン｜イングランド、デヴォン｜1756〜59

水硬性石灰コンクリート(失われたローマ人の工法)の再発見は、
海での建築を容易にするのに極めて重要だった。

危険な暗礁や断崖があることを船乗りに警告し、安全な港に誘導するのに光を用いる方法は、産業時代の幕開けよりはるか以前に定着していた。前3世紀に建てられたアレクサンドリアの灯台は、古代世界の不思議のひとつに数えられている。しかし、海は過酷な環境だ。とくにその力に耐えるほどの建物を建てようとするならば。沖合に灯台を建てようとする者が現れたのは、ようやく17世紀の終わり頃になってからのことだった。

世界初の外洋の灯台は、エディストン岩礁に建てられた。プリマスへの入り口となるレーム岬の南約13.5kmにある低い岩礁だ。ヘンリー・ウィンスタンリー(1644〜1703)によって建てられた木造の灯台は、1698年11月に初めて点灯された。最初の冬を越したのち石で覆われたが、1703年12月7日の大嵐で崩壊し、その際、ウィンスタンリーと他の5人が命を落とした。

岩礁の明かりはもはやなくてはならないものとなっており、1709年、ジョン・ラドヤード(1650〜1718頃)が設計した新たな建物が完成した。中心部がレンガと石で造られていたこの建物は初代よりは持ちこたえたが、1755年12月2日にランタンが燃え落ち、木材で覆われていた建物は焼失した。

そこで登場したのがジョン・スミートン(1724〜92)である。エディストンに耐久性の高い灯台を建設しようとした3人目の技師だ。オークの木について研究していたスミートンはオークの樹形を灯台に採り入れ、花崗岩のブロックを緊密につなぎ合わせていく工法(蟻継ぎ)で建物を設計した。高さ18m、直径が基部で8m、頂部で5m。先細の塔は灯台の設計が大きく進歩していることの表れだった。しかし何より重要なのは、おそらく間違いなく、スミートンが水硬性石灰のコンクリートを使用したことだろう。

最初に使用したのはローマ人だが、時が経つうちに長く忘れられていたこのコンクリートは、水中はもちろん、条件の悪い状況でもよく固まる。スミートンが再び使い始めたおかげで、木ではなく石とコンクリートを使って、防波堤、橋脚、埠頭などさまざまな建造物が造られるようになった。その結果、技師は大規模な海岸や河岸の工事に着手し、従来の木造のものよりも耐久性の高い建物を造れるようになった。

スミートンの灯台が使用不能になったのは、建

▶ジョン・スミートンは先駆的な土木技師だったが、当時土木は職業と認められていなかった。エディストン灯台の工事中(肖像画の背景に描かれている)、スミートンは水硬性石灰を使用するというローマ人の方法を再発見して当時の建築界に革命をもたらした。

Author's collection

物そのものに欠陥が生じたわけではなく、土台となる岩礁のせいだった。1870年代に岩礁の浸食が進んだため、建物は安定性を欠き、荒波が押し寄せるとぐらぐら揺れるほどになった。1877年に4代目の灯台が完成すると、スミートンの灯台は閉鎖された。

1882年、4代目の灯台の設計者ジェームズ・ダグラス（1826〜98）の息子、ウィリアム・ダグラス（1857〜1913）の指揮で上部が取り外され、プリマスのホーの丘に移築された。現在、これは観光名所となっている。スミートンの灯台の下部は分解が難しいため、もとの場所に今も残され、スミートンの発明の才の証であり続けている。

◀スミートンの灯台は19世紀末に移築されたが、強固な構造のため、そっくりそのまま移すことはできなかった。移築からほぼ150年経つ今も、灯台の下部はそのままの形で残っている。この昔の絵葉書にはスミートンの灯台の下部と並んで、まだ比較的新しかった現在の灯台が写っている。
Library of Congress

ブリッジウォーター運河と
バートン旋回水路橋

012

イングランド、ランカシャー | 1759～61

先駆的なブリッジウォーター運河は産業時代の初め、
運河狂時代の幕開けに建設された。
イギリス初の可航水路橋だった。

　鉄道時代が到来する以前、原材料や製品を製造者から顧客に運搬するのに、水路はもっとも効率の良い経路だった。そのため多くの場合、産業の振興は川が近くにあるかどうかにかかっていた。しかし、18世紀半ば以降、運河の建設によって川から離れた場所でも産業の発展が可能になった。

　1560年代に完成したエクセター運河のように、産業時代以前にも人工的な水路はあったが、ブリッジウォーター運河はまさに新時代の到来を告げた。18世紀半ば、ブリッジウォーターの第3代公爵フランシス・エガートン（1736～1803）は、マンチェスター北西にあるウォースリーに鉱山を所有していた。採掘した石炭を運ぶには、荷馬かマージー・アーウェル水路（1734年までに完成した河川利用運河）を利用するしかない。その後フランスのミディ運河を旅し、イングランド北西部のサンキー運河建設に感銘を受けたエガートンは、新たな水路の開発を決意した。領地の管財人ジョン・ギルバート（1724～95）の助力や、のちには技師ジェームズ・ブリンドリー（1716～72）の技術的な助言を得て、エガートンはウォースリーからソルフォードまで運河を建設する計画を立てた。この運河が完成すれば輸送事情が改善されるだけでなく、経路上の採掘場から効率的に水を排出することもできる。運河建設の権利は1759年の法令によって得られた。また、運河をソルフォードから南へ、ウォースリーから北へ、いくつかの支線をつけて延ばす許可も1760年、1762年、1777年、1795年に得られた。

　運河の最初の区間は1761年に開通した。バートン＝アポン＝アーウェルに建造された水路橋はこの運河の大きな特徴のひとつで、運河はこの水路橋でアーウェル川を横断する。ブリンドリーによって設計されたこの建造物は、当初問題がないわけではなかった。たとえば、その3つのアーチのうちのひとつは、最初に建造された際、水の重さに負けた。しかし、1761年7月17日に開通すると、イギリス初の水路橋はうまく航行できることを証明してみせた。バートン水路橋は、イギリスで完成したもっとも重要な運河建造物のひとつであるとともに、1805年に開通したランゴレン運河のポントカサステ水路橋（イギリス最古かつ最長の可航水路橋）のような有名な水路橋の先駆けとなっ

▼19世紀末にマンチェスター船舶運河が建設された際、水路橋は新しく旋回橋に造り替えられた。このブリンドリーが設計した橋の写真は、取り壊される少し前の1891年に撮影された。
WikiCommons

▲ブリッジウォーター運河とマンチェスター船舶運河はどちらもまだ使用されている。写真ではダニエル・アダムソン号がマンチェスター船舶運河を下り、ふたつの旋回橋(手前が道路橋で奥がブリッジウォーター運河橋)が開いて通行可能になっている。この蒸気船は1903年にシュロップシャー・ユニオン運河鉄道会社のために建造され、ラルフ・ブロックルバンク号と命名され、客船としても使用された。1921年にマンチェスター船舶運河が仲間の船とともに買い取り、1936年に社の初代社長の名に改名した。1980年代半ばまで運航していたが、その後エルズミア港の船舶博物館にしばらく停泊していた。この歴史的な船は2004年に解体される危機に陥ったが、命拾いし修復された。
Andrew/WikiCommons(CC BY 2.0)

た。19世紀末にマンチェスター船舶運河が建設されると、竣工後1世紀以上経過していたバートン水路橋は旋回橋に建て替えられた。エドワード・リーダー・ウィリアムズ(1828～1910)が設計し、ダービーのアンドリュー・ハンディサイド商会が建設したこの旋回橋は、1893年末に完成し、1894年1月1日に商用通行が開始された。橋の部分は、両端に設けられたゲートを閉じると巨大な鉄の水槽(重さ1550t、長さ100m)になる。大型船が通行する際にはゲートが閉じられ、橋が90度回転する仕組みだ。

ブリッジウォーター運河はイギリスで国有化されたことのない数少ない運河のひとつだが、現在も使用可能である。南区域はもはやマンチェスター船舶運河につながってはいない。石炭は運んでいないが、水路は今も舟遊びを楽しむ人々に人気だ。

◀ジェームズ・ブリンドリーのバートン水路橋。G.F.イェーツが1793年に描いた水彩画。アーウェル川と交差するブリッジウォーター運河を馬に引かれた荷船が通過していく。
Getty Images

ハリソンの航海用クロノメーター

013

ジョン・ハリソン｜イングランド、ヨークシャー｜1761年

航海用クロノメーターの発明は、
船乗りが海上で自分の位置を知るのに必要不可欠だった。
この道具のおかげで経度、つまり地球上で東西のどの地点にいるかを
正確に測定できるようになった。

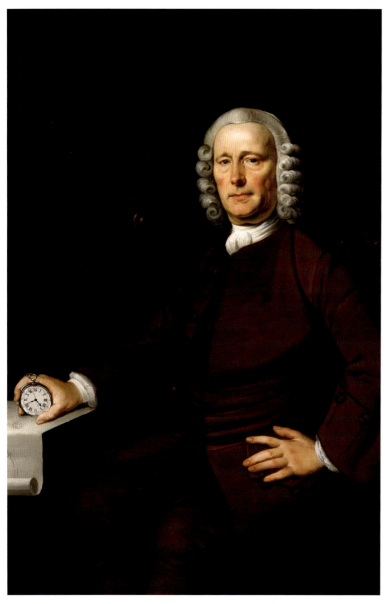

安全に航海するためには、経度と緯度に基づいて自分がどの位置にいるかを正確に知る必要がある。船乗りは北半球では正午の太陽の角度、南半球では北極星の角度を測ることで緯度を把握できたが、経度の測定はもっと困難だった。16世紀初頭に科学者たちは、クロノメーター、もしくはタイムメーターの使用が助けになるという見解を初めて示した。しかし、それには海でも確実に動く時計が必要となる。17世紀末までに、当時もっとも信頼できる時計だった振り子時計と同じくらい正確な時計を造った者はいなかった。18世紀初頭、イギリスは世界の大国として頭角を現しつつあり、1714年、イギリス議会は経度法の成立を宣言する。要するにこれは、さまざまな基準をもとに、航海用クロノメーターを発明した者に賞金を出すという競争だった。

ヨークシャーの大工で時計職人だったジョン・ハリソン(1693〜1776)は、この賞金争いに取りつかれた。最初の試作品、H1は1730年に完成した。ハリソンは自分の発明を英国学士院の会員に見せ、センチュリオン号に乗って海上で実地試験を行った。リスボンへの往路ではうまくいかなかったものの、復路ではかなり正確であることを証明できた。経度委員会から最初の研究資金500

▶ 独学の大工兼時計職人、ジョン・ハリソンはヨークシャーのウエストライディング地方で生まれ、長年にわたる研究の結果、海上での経度の測定に成功した。彼の航海用クロノメーターは、いくつもの試作品を経て1770年代初めに完成した。

Getty Images

ポンドを受け取って、ハリソンはさらに改良を進め、2番目のモデル(H2)を1741年に完成させた。H2はH1の改良品だったが、ハリソンは両方の試作品の欠点を認識しており、その後17年間にわたり、修正を試みた。最終的に、彼は第3のモデル(H3)を製作した。これは前モデルの改良品だったが、それでもまだ完全に正確とは言えなかった。

クロノメーターを開発するために並行して行われた実験で、ハリソンはパズルの最後のピースを手にした。「海洋時計」(H4)は初めてジャマイカ行きの船、デットフォード号で航海実験を行った。これは1761年11月にポーツマスを出発し、帰りの旅でクロノメーターの有効性は証明されたが、経度委員会は納得せず、さらなるテストを要求した。1770年代初め、国王ジョージ3世直々のとりなしがあってようやく、ハリソンが航海用クロノメーターの開発に成功し、海事の安全を大きく向上させたことがきちんと認められた。しかしそれでも、彼は賞金の満額2万ポンドを受け取ることはできなかった。

▲ジョン・ハリソンはH4を試験中に、H5と呼ばれるふたつめの海洋時計を開発した。彼の功績を認めようとしない経度委員会に不満を抱いたハリソンは、ジョージ3世への拝謁を求めた。国王は同情し、1772年、自ら時計をテストしたところ、10週間試して1日あたり1秒の1/3しか狂いは出なかった。
Racklever/English Wikipedia(CC BY-SA3.0)BUT Science Museum

▲今日、航海はほとんど人工衛星に頼っているが、天文航法は今も基本的に必要とされている。ゆえに現代の航行用機器は前世紀のものと変わっていない。六分儀、海図、双眼鏡（または望遠鏡）、そしてもちろんクロノメーターだ。

|┃┃┃| ハリソンの航海用クロノメーター　　　　　　　　031

ソープ・ミル

014

ラルフ・テイラー｜イングランド、ランカシャー｜1764年

産業革命では織物業が大きく発展した。
ソープ・ミルはおそらくランカシャー初の水力紡績工場で、
大規模な商業的・文化的変化の先ぶれとなった。

織物業は1700年代中期のイギリスで最大の商業活動だったが、当時その多くは家内産業で、各工程は手でゆっくりと非効率的に行われていた。1764年、ラルフ・テイラーはランカシャー、ロイトンのソープ峡谷にあった3軒のコテージを梳綿工場［繊維をそろえる作業をする工場］に改造し、初めて水力を導入した。アーク川の支流に面していたので、水車を動力源に利用できたのだ。工場が稼働したのはわずか24年間だったが、水力を利用すれば非常に効率がよいということがわかり、水力を利用する工場はさらに増えた。

ランカシャーが織物業に適していたのにはいくつかの理由がある。もっとも重要なのは、リヴァプールといった港に近いことだった。原材料を運び込むのも製品を運び出すのも容易だったのである。それから有能で勤勉な、そして農業の低賃金に慣れている労働力を大量に雇い入れることができた。おまけに、しばしば見落とされることだが、ランカシャーの空気は湿気が多かった（空気が乾燥すると繊維が静電気を帯びるため、適度な湿気があったほうが織物業には向いている）。

こういった条件が揃った結果、ランカシャーでは1世紀の間に織物業が劇的に広がった。それにより人々が新たな工場に押し寄せたため、田舎から住民が流出し、地方の街や都市の人口密度ははなはだしく上昇した。たとえばソープ・ミルのあったロイトンは、1714年から1810年の間に人口が10倍以上に増えている。

かつては小さな街の集まりにすぎなかった場所の都市化は前代未聞で、予想外だった。このことが、住宅事情の悪化やきれいな水の不足といったさまざまな問題を生み出した。汚染された水は1831～32年、1848～49年、1854年と1867年にロンドンにコレラの流行をもたらした。天然痘、腸チフス、チフス、結核といった病気も広がった。

▼1831年にグロドウィック村から見たオールダムの街を描いたもの。織物業の急成長がもたらした産業の広がりを示している。織物業は産業革命と手を携えながら進んだ。
Gallery Oldham

ジェニー紡績機

ジェームズ・ハーグリーブス ｜ イングランド、ランカシャー ｜ 1764年

飛び杼の発明で
イギリスの織物生産量は倍増したが、
旧式の手紡ぎの方法では
十分な糸を供給できなかった。
ありがたいことに、ジェニー紡績機が
問題を解決してくれた。

織物業の織りの工程は、ジョン・ケイが1733年に飛び杼（19ページ参照）を発明したおかげで大いに作業速度が上がったものの、肝心の糸を効率よく製造できないことがが足かせになっていた。糸は当時、家庭内で個々人が紡いでおり、時間がかかるうえに非効率的だった。紡績技術が織りの技術に追いつくのに30年かかったが、とうとう1764年にジェームズ・ハーグリーブス（1720〜78）がジェニー紡績機を発明した。複数の紡錘［糸を紡ぐ際に糸を巻き取る心棒］のついた紡績機で、彼はランカシャー、ブラックバーンに近いスタンヒルのオズワルトウィッスルでこれを開発した。

最初のジェニー紡績機には8本の紡錘がついていた。右手で車輪を回すことで操作者はこれらの糸巻きすべてを同時に回転させることができた。一方、操作者の左手は8つの粗糸（糸を紡ぐための材料）を取りつけた梁に添えられ、そこから粗糸が紡錘に向かって送り出される仕組みだ。まもなくハーグリーブスが機械を改良すると、ジェニー紡績機の紡錘の数は8本から80本、さらに120本に増えた。製造される糸は粗雑で強度に欠けたが、それでも使途によっては十分使用できた。わずか3年後、リチャード・アークライトが水力を利用した紡績機を発明し、糸の品質、強度ともに改良した。この機械で製造される糸ははかなり広範な目的に使用できた（36ページ参照）。

イギリスは何世紀もの間羊毛産業に依存しており、羊毛業者の利権を守るため、さまざまな綿織物や絹織物の輸入を制限し（1700）、ある種の綿の布を身に着けることを禁じる（1721）キャラコ禁止法を通過させた。その後綿織物製造業者が圧力をかけたため、こういった法律は緩和されたのち（たとえば1736年のマンチェスター法）1774年に撤廃され、綿織物製造が躍進する道が開けた。ハーグリーブスの発明はこの動きにかなり貢献したと考えられる。

▲ジェニー紡績機は、飛び杼（19ページ参照）の発明で織物の生産量が倍増したのち、イギリスの織物業に非常に大きな貢献をした。必要な糸を手で紡ぐ昔ながらの方法では需要に追いつかず、十分な糸がないため、織りを速くする技術が進んでもそれを生かせなかった。しかしジェニー紡績機は紡績を根本から機械化し、またたく間に生産性を上げた。
Getty Imagesp.34-35

ソーホー製作所

016

マシュー・ボールトン｜イングランド、バーミンガム｜1766年

ボールトンとワットは産業時代の優れた先駆者であり、
彼らのソーホー製作所は大量生産の最前線であるとともに、
世界初の本物の工場だった。

産業化が進んでいくうえでもっとも重要だったもののひとつに大量生産の導入がある。その原理を初めて工場に適用したのが、バーミンガムの中心から3kmにあるソーホー製作所だった。

マシュー・ボールトン（1728～1809）の父親は、金属でこまごまとしたものを作って生計を立てていた。嗅ぎタバコ入れやボタンや靴の留め金といった金属製品は、適切な設備があれば大量生産するのに打ってつけである。ボールトンはシェフィールド・プレート（1743年に発明され、のちにシェフィールドで発展した銀貼り銅板）をヨークシャー以外で最初に製造した人物でもあった。

1762年、ボールトンはジョン・フォザギル（1730～82）を共同事業者にし、すでに水力圧延機が据えられてコテージのあったハンズワース・ヒースに住まわせた。それからリッチフィールドの建築家ワイアット一族に依頼して古い工場を新たな工場に建て替え、1766年に完成すると、今度はコテージを取り壊し、代わってソーホー・ハウスを建てた。これがボールトンの家となる（ソーホー・ハウスは現在博物館になっている）。

ボールトンはルナー・ソサエティの創設者のひとりだった。これは当時もっとも影響力のあった知識人グループのひとつで、エラズマス・ダーウィン、ジョサイア・ウェッジウッド、ジョセフ・プリーストリー、ウィリアム・マードックなどが会員として名を連ねている。グループは定期的にソーホーで会合を開いていた。

1775年、ボールトンはルナー・ソサエティの会員、ジェームズ・ワット（1736～1819）を共同経営者にした。鉱業用蒸気機関の製造がおもな目的だ。ボールトン自身はトマス・セイヴァリ（1650頃～1712）の原理に基づいて1767年に蒸気機関の組み立てを試みており、ワットの後援者だったジョン・ローバック（1718～94）が破産したため、ワットと手を組んだのである。ピストンの往復運動を回転運動に変換する機関を発明すれば、蒸気機関の潜在市場が綿産業といった他の取引にも広がると考えたボールトンは、そのような機械を開発するようワットを励ました。

ワットの蒸気機関は復水器［蒸気を冷却して水に戻す装置］を初めて組み込んだもので、1763年から

▶マシュー・ボールトンは18世紀後半のもっとも重要な企業家のひとりである。バーミンガムに生まれ、蒸気機関の製造に重要な役割を果たしたジェームズ・ワットの共同経営者となった。産業革命を代表する多くの急成長を遂げた工場に動力を供給したのは、そういった機械だった。

Author's collection

1775年にかけて開発され、最初の試作品は1775年にソーホーで完成した。最初の見本品は同じ年のうちに運転を開始した。回転運動する機械の開発は続けられ、とうとう1781年にワットは太陽歯車の周囲を遊星歯車が回転する遊星歯車機構（ボールトン&ワット社はジェームズ・ピッカードが登録していたクランクシステムの特許が切れるまで、これを使用していた）を導入し、成功を収めた。

ソーホー地域でのもうひとつの成果は、ソーホー貨幣製造所の設立である。1786年、ボールトンは東インド会社から注文を受けて100tの銅貨を鋳造した。2年後には小額銅貨の機械による大量生産を提案している。当初どの政府からも注文はなかったものの、蒸気動力を利用した貨幣製造所を設立し、1時間に約85個の硬貨を造れる圧延装置を8基導入した。これらの機械は1850年に閉鎖されるまで国内・海外用にメダルと硬貨を製造した。

ボールトンとフォザギルの提携は1781年に解消され、1796年、蒸気機関の製造は新たに建設したソーホー鋳造工場に移った。これは既存のソーホー製作所から1.6kmほど離れた場所に建てられた。鋳造工場の敷地のほとんどは現在も使用されているが、もともとのソーホー製作所は1850年に取り壊され、跡地は住宅用地となった。

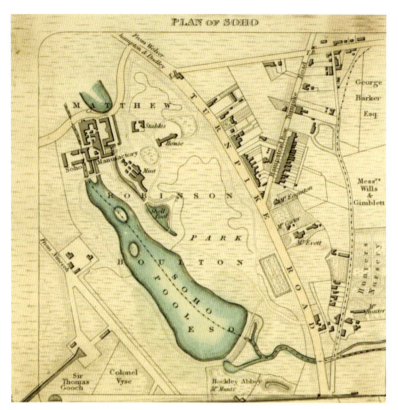

▲ソーホー製作所はマシュー・ボールトンと共同経営者のジョン・フォザギルによって設立され、1766年に完成した。もともとはベルトのバックルやボタンやフックといった、こまごまとした金属製品製造のために建てられた。工場団地の中にはボールトンが設立した鋳造所もあり、彼はここで現在も用いられている貨幣鋳造法を開発した。

Birmingham Museum

◀ソーホー製作所の設計と建設は、リッチフィールドのワイアット一族が請け負った。1761年に借りた土地に建てた新たな建物は、以前に建っていた水力の圧延工場に取って代わった。建物は1850年に取り壊されたが、ワイアットがボールトンのために建てた家、ソーホー・ハウスは現在も残り、博物館になっている。

Author's collection

紡績機

017

リチャード・アークライト｜イングランド、ノッティンガムシャー｜1767年

複数の紡錘を備えたアークライトの紡績機で、繊維業は大きく一歩前進した。
紡績機に水力を組み合わせたおかげで、従業員の交替制を導入した
近代的かつ連続的な製造が可能になった。

ジェニー紡績機(33ページ参照)は従来よりはるかに多くの糸を製造することができたが、糸は粗雑で強度にも欠けていた。こういった問題を解決しようと、発明家リチャード・アークライト(1732～92)は時計職人のジョン・ケイと協力して動力を利用する紡績機の開発に着手した。最初の試作品は概念実証的な機械で、一度に4本の糸しか紡ぐことができなかった。しかし満足のいく出来栄えだったので、アークライトは1767年に特許を取得した。最初の大規模な試作品は馬を動力とする96の紡錘を備えた機械で、アークライトとノッティンガムの共同経営者たちが建設した工場に導入された。

1770年、アークライトと共同経営者たちは動力を馬から水に切り替えた。彼らはダービシャー、クロムフォードのダーウェント川沿いに

▶アークライトと共同経営者たちは、1770年、ダービシャー、クロムフォードのダーウェント川沿いに専用工場を建設した際、動力を馬から水に切り替えた。
Alethe/WikiCommons(CC BY-SA 3.0)

▲リチャード・アークライトの複数紡錘の紡績機の発明は、近代産業化への重要な一歩となった。紡績機に水力を利用したことで、連続した製造が可能になった。写真は紡績機のレプリカ。
Moruio/WikiCommons(CC BY-SA 3.0)

専用の工場を建設した。これは最初の近代的工場のひとつで、産業に役立つ斬新な試みをさまざまに実施していた。労働者を臨時雇いでなく完全雇用したのもそのひとつである。また、生産量を最大限に上げる工夫がなされた最初の工場でもあり、原料がさまざまな工程を経て製品になる前に、次の原料が門に届いた。

水力紡績機の長所は、水力を利用することでより速くより強くよりしっかりした動きで糸を紡げるだけでなく、熟練工を必要としない点だった。

アークライトの紡績機は一度に128本の糸を紡ぐことができ、生産性を劇的に向上させたが、綿糸の質も向上させ、強さも与えた。専門の職人でなくても糸が製造できるようになったので、彼は数人の未熟な女性を訓練して機械を操作させた。まもなく、北イングランド全域の工場がアークライトの水力紡績機を使うようになった。

チャンピオンの湿ドック

018

ウィリアム・チャンピオン｜イングランド、ブリストル｜1768年

1768年にチャンピオンが湿ドックを完成させたことで、
ブリストルはイギリスの重要港としての地位を固め、
富をもたらすけれど論争も呼んだ奴隷貿易で重要な役割を果たすことになった。

ブリストルの港には、悩ましい大きな欠点があった。10km近く内陸に位置していたのである。17世紀、エイヴォン川沿いの港に進入するのは困難だった。ブリストルに向かう船が、潮入りの川［潮の干満の影響で水位や速さが周期的に変化する川］に定期的に停泊していたからだ。1662年、通行する60t以上の船は10ポンドの罰金を科されることになった。また、船乗りが船を陸に引き上げて荷の積み下ろしを行わせていたため、木製の船体が傷つくという問題もあった。

こういった問題を回避するため、18世紀初頭、湿ドックがエイヴォン河口のシーミルズに完成した。湿ドックでは、ゲートを閉じれば潮の状況にかかわりなく水位を一定に保つことができ

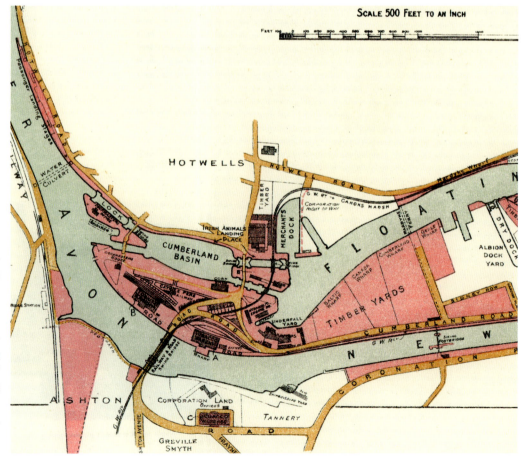

▶チャンピオンの湿ドック。1770年にブリストルのマーチャント・ヴェンチャーズに売却されたのち、マーチャンツ・ドックと改名された。ブリストルに開かれた最初の湿ドックである。もとは直接エイヴォン川とつながっていたが、19世紀にまで至るドックの開発で川の進路がニューカットを経て南に流れるように変わり、もとのルートはドックの拡張に利用された。
via Peter Waller

▲西側からの眺め。チャンピオンの湿ドックがカンバーランド・ベイシンのすぐ東に見える。これは1809年5月1日に開通した。ウィリアム・ジェソップ(1745〜1814)がリヴァプールに対抗するために設計した事業のひとつである。
via Peter Waller

る。このドックは昔のローマ時代の港があった場所に造られたが、湿ドックが建設されたのはこれが初めてではない。テムズ川のハウランド・グレート・ドックは1695年から1699年にかけて建設された(しかし荷下ろしをする設備がなかった)。そして世界初の商用湿ドックは、1715年に完成したリヴァプールのオールド・ドックだと言われている。

シーミルズの湿ドックはひとつ問題を解決したが、また新たな問題を生み出した。シーミルズからブリストルまでの道路が商品の輸送に不向きだったのだ。これにより、大西洋の向こうの国々や植民地との急成長する貿易港としての座をリヴァプールに奪われた。ブリストルそのものの港の改良は急務だった。その手始めにエイヴォン川北岸に建設されたのが、ウィリアム・チャンピオン(1709〜89)が私財を投じた湿ドックである。1768年に完成したチャンピオンの湿ドックは、すぐには経済的成功を収められず、2年後にマーチャント・ヴェンチャーズに売却された。この団体は勅許により(1552年から)、ブリストルの海上貿易の独占権を与えられていた。新しいドックの完成でシーミルズのドックは衰退したが、18世紀の間にブリストルはイギリスでもっとも重要な港のひとつとなった。奴隷貿易で極めて重要な役割を果たし、批判の的にもなるこの事業で大きな利益を得たからである。また、大英帝国で1807年から1833年に行われた奴隷貿易廃止にも重要な役割を果たした。

残念なことに、先駆的なブリストルの湿ドックは現存しておらず、埋め立てられている。

ビングリーの5層階段形閘門

019

ジョン・ロンボサム｜イングランド、ヨークシャー｜1774年

イギリス諸島の運河でもっとも勾配のきつい場所に建設された
ビングリーの5層階段形閘門(こうもん)は、イギリスの運河網の発展に絶対不可欠だった。
これにより、ペニン山脈を横断しての取引が活発になった。

▼最上部から眺めると、5層階段形閘門のスケールがよくわかる。平均勾配は1/5で、イギリス諸島の運河でもっとも傾斜がきつく、完成から200年以上経過した現在も、ペニン山脈を横断する重要な運河の主要箇所として利用されている。
Jonathan Forty

18世紀半ば、運河は産業用輸送路として理想的な手段だった。トンネルや水路橋といった大規模な土木工事をしなくていいように、等高線に沿って建設されるのが最良である。しかし、イングランドの背骨ともいうべきペニン山脈を横切る運河建設を望む商業的な圧力は、障害をものともせず、その結果、大きな成果が得られた。

ブラッドフォードへの短い支線を伴うリーズ・リヴァプール運河を建設しようという声は、いくつかの方面から挙がっていた。ブラッドフォードの毛織物製造業者は、製品をリヴァプールから輸出してほしいと考えていたし、一方リヴァプールの企業家たちは、安価な石炭が供給されることを熱望していた［ブラッドフォードは石炭の産地だった］からである。リーズ・リヴァプール運河建設の認可は1770年に下り、代替ルートについて助言して

▲1950年代初期に撮影されたビングリーの5層階段形閘門。荷船が最下段の閘門を出て東のシプリーとリーズに向かっている。
Julian Thompson/Online Transport Archive

いたジェームズ・ブリンドリー(1716〜72)が技師に任命された。しかし彼がまもなく亡くなったため、現場監督のジョン・ロンボサム(〜1801)が1775年に辞職するまで技師長の仕事を引き継ぐことになる。彼は建設許可が下りる前に、提案されたルートの調査にかかわっていたからだ。

ブラッドフォードへの支線とともに、シプリーからスキプトンへの区間が1774年と1775年に開通した。翌年、運河は西のガーグレイヴにまで延び、さらに1年後、シプリーからリーズまでの区間と、エア・カルダー河川水路との接続が完成した。ペニン山脈の西部、リヴァプールからウィガンまでの区間は1781年に開通したが、工事はそれからほぼ中断し、技師たちが全ルートを完成させたのは、1816年になってからのことである。

最終的に全長約204kmに達したこの運河には、91の閘門［水位差のある水面館で船を航行させるための構造物］が設けられ、うち8基はビングリーにあった。3層階段形閘門と5層階段形閘門である。

ビングリーの5層階段形閘門は5つの閘室と6組の閘門扉からなる。イギリス諸島のなかでもっとも急勾配で、平均傾斜は1/5だ。ロンボサムが設計したこの閘門は、地元の石工(ウィルズデン出身のジョン・サグデン、ビングリー出身のジョナサン・ファラー、バーナバス・モーヴィル、ウィリアム・ワイルドなど)によって建設された。荷船が98m進む間に高さが18m上下するという急勾配である。1774年3月21日に開通した際、最初の荷船が下るのに28分かかった。リーズ・インテリジェンサー紙には次のような記事が掲載されている。「大いに待ち望まれた喜ばしいできごとを歓迎して、ビングリーには鐘の音や楽隊、在郷軍による祝砲、観客の叫び声が響き渡り、期待される大きな成果への満足感があふれていた」。約3万人の群衆が新運河の最初の区間の開通を祝った。

ビングリーの5層階段形閘門はイングランドの1級指定建造物だが現在も使用されており、リーズ・リヴァプール運河はレジャークルージングで人気を博している。階段状の閘門は操作が複雑なため、常勤の管理人がいるが、管理人が不在の際には使用できない。

中ぐり盤

020

ジョン・ウィルキンソン ｜ イングランド、スタッフォードシャー ｜ 1774年

蒸気機関は産業革命の主要な動力源だったが、ジョン・ウィルキンソンが
中ぐり盤を発明するまで、精度の高い製品を製造するのは難しかった。

技術の進歩には概してふたつの要因が関係する。材料科学と製造能力だ。蒸気機関の開発ほどこれをよく示しているものはない。蒸気機関がより多くの動力を作り出すには、より高い圧力を作り出さなければならなかった。初期の発明家にとっては残念なことに、当時は部品の加工法が原始的で、その方法で製造した機械では低い圧力しか生み出すことができなかった。たとえば、ジェームズ・ワット（1736～1819）は蒸気動力（52ページ参照）開発の第一人者として有名だが、シリンダーの穴を設計通り正確に開けられる者がいなかった。その結果、ピストンとシリンダーの間に隙間が空いて、かなりの量のエネルギーが漏れることになった。

1774年、ジョン・ウィルキンソン（1728～1808）が誤差をかなり小さくできる中ぐり盤を発明したことで、産業技術は大きく前進した。従来は切削工具をシリンダーの片側からのみ支えていたため、切削する際にかかる力で工具がぶれ、表面にでこぼこができた。しかしウィルキンソンの中ぐり盤は、切削工具をシリンダーの両側で支えた。現在ラインボーリングと呼ばれているものだ。支える力が大きいため道具の動きがかなり抑えられ、正確さが大きく向上した。これによりピストンとの密着性がはるかに高まり、エネルギーを大きく失うことなく、かなり高い圧力に対処できるようになった。

中ぐり盤の性能が優れていたため、ボールトン＆ワット社（52ページ参照）は、蒸気機関のシリンダー製造でウィルキンソンと独占契約を結んだ。

この発明がシリンダーをくりぬくのに非常に有効であることがわかると、ウィルキンソンは他のさまざまな技術的問題への応用にも着手した。実際、この中ぐり盤は史上初の工作機械としてしばしば言及される。中ぐり盤の発明があればこそ、高圧蒸気機関が製鉄所の圧延装置や鍛造ハンマーからコーンウォールの深い採掘坑の排水ポンプに至るまで、あらゆるものの動力になり得たのである。

▲1774年、ジョン・ウィルキンソンの中ぐり盤のおかげで、中ぐりした部品は精度がかなり向上し、改良された。これはとくに蒸気機関の製造において重要だった。以前より大きな動力を効率的に作り出せたからである。精密さは大砲の部品の加工にも不可欠だった。このヤン・フェアブリュッヘンの絵には、ウーリッジの王立工廠での水平な中ぐり盤を使った作業の様子が描かれている。これはジョン・ウィルキンソンの中ぐり盤に似ているが、同じではない。

Pieter Verbruggen-Family Archive Semeijns de Vries van Doesburgh/WikiCommons(CC BY-SA 3.0)

スリー・ミルズ工場団地

021

ダニエル・ビッソン｜イングランド、ロンドン｜1776年

イングランドでもっとも重要な産業遺産のひとつ、
スリー・ミルズには現在ふたつの工場しか残っていないが、
潮の干満を利用した工場としては今なおイギリス最大である。

チルターン・ヒルズを源泉とするリー川は東に進んだのち南に流れ、ロンドン東部でテムズ川と合流する。昔から飲料水の水源として、さらに都市周辺の下流域ではさまざまな産業にも使われてきた。

スリー・ミルズはリー川と支流の間に造られた人工島のミル・ミーズ地区にある。工場の動力源となる水はリー川の支流バウ・クリークから流れ込む。穀物を挽く製粉工場だったが、穀物はジンの蒸留にも使われ、できあがったジンはロンドンで取引された。工場は一時火薬製造に使われていたこともある。

この地域は中世からスリー・ミルズと呼ばれ、常に水車場として使われてきたが、当時の水車については実はよくわかっていない。スリー・ミルズそのものはロンドン最古の現存する工場団地のひとつである。

1776年、ダニエル・ビッソンはハウス・ミル（現在はイングランドの1級指定建造物である）を、以前の工場の跡地に建てた。火災のため一度建て直されたが、1941年まで操業を続け、潮の干満を利用した（九分九厘）世界最大の工場であり続けている。クロック・ミルとミラーズ・ハウスは、ハウス・ミル建設後まもなく建てられた。1878年までにこの地には7基の水車があった。

5階建てのハウス・ミルは下見板［下から順に貼っていく外壁用の板］で覆われ、大部分が木造だが、南側にはレンガも使われている。この建物は水路に渡した鋳鉄の桁の上に建っていて、低い中射式水車1基と下射式水車3基が付属していた。潮を囲い込むことによって23haの池を造り、1列に並んだ8組の石臼と別の4組の石臼を水車が動かす。

何世紀もの間、工場が挽いた穀物はロンドン住民の食べるパンの原料となり、人々を元気づけるジンの原料となってきた。1940年代の電撃戦の間にその営みも変化したが、現在建物は部分的に修復され、復旧のための資金集めが今も続けられている。

ミラーズ・ハウスは電撃戦のさなかにほぼ完全に破壊され、1950年代末に取り壊された。クロック・ミル（手の込んだ時計塔だけは建設当時のままである）は1817年にロンドンのレンガを使って再建され、スレートの屋根で葺かれた。蒸留所にはリヴァプールのフォーセット商会製の鉄の下射式水車が3基あった。1基は直径5.9m、他の2基は直径6.1m。これが1分間に130回転して6組の石臼を動かし、1952年に蒸留所が閉鎖されるまで使われていた。

▲リー川潮汐工場トラストは1993～94年にEUの資金供与を受けてミラーズ・ハウス（写真左手）を再建した。この建物は現在では1級指定建造物になっている。産業革命の間、この工場はパンやジンの材料となる穀物を挽いて、ロンドンの多くの人々を元気づけた。
Mervyn Rands/WikiCommons(CC BY-SA 4.0)

国富論

022

アダム・スミス｜スコットランド｜1776年

政治経済学を初めて総合的に分析したことにより、
アダム・スミスは経済に対する理解を高め、
分業、資本の活用、自由貿易の重要性について明らかにした。

アダム・スミス（1723～90）は「スコットランド啓蒙思想」を導いたひとりで、独創性に富んだ著作『諸国民の富の本質と原因に関する研究』（国富論）を通して自由放任の資本主義の理論を唱えた。

18世紀のエディンバラ（北のアテネと呼ばれる）は、ヨーロッパ経済と政治思想にとってもっとも重要な場所で、学問の中心地としてグラスゴーと

▶18世紀半ばから末にかけて、アダム・スミスはスコットランド啓蒙思想の中心人物のひとりだった。この思想家集団のひとり、デイヴィッド・ヒュームは産業革命の根幹となる哲学・経済思想の構築に大きな影響力を持っていた。
Library of Congress

ライバル争いをしていた。トマス・リード（1710～96）、デイヴィッド・ヒューム（1711～76）、ドゥガルド・スチュワート（1753～1828）、トマス・ブラウン（1778～1820）といったスコットランド啓蒙思想の作家や学者たちはみな、発展しつつある当時の哲学に影響を及ぼすことになるが、もっとも大きな影響を与えたのはスミス自身だった。死後200年以上経過しても、彼の経済理論家としての存在は今なお大きな影響を及ぼしている（アダム・スミス研究所があることからもわかる）。

スミスはファイフのカコーディで生まれ、グラスゴー大学のもうひとりのスコットランド啓蒙思想家フランシス・ハッチンソン（1694～1746）のもとで学んだ。オックスフォードに進んだのち勉学を終え（彼はオックスフォードをグラスゴーほどには知的刺激がないと考えていた）、エジンバラ大学とグラスゴー大学の両方で教鞭を執った。最初の著書『道徳感情論』を1759年に出版しているが、彼の名を聞いて連想されるのは、普通短縮して『国富論』と呼ばれる本のほうで、こちらは1776年に出版された。この本とその後の業績によって、彼は500年にわたり信じられてきた経済学の説を覆した。

ルネサンス以来、経済学においては重商主義の理論（世界に存在する富の量は事実上限られており、より多くの富を獲得した経済もしくは国が支配するという考え）が優勢だった。国々が富を増大させるには、征服や取引制限行為といった方法を取らなければならないと信じられていたのだ。しかしスミスはこの考えを認めず、自由貿易という新たな概念を見出し、自由貿易のもとでは民間事業と利潤が、繁栄していくための原動力になるという説を提唱

044　022｜国富論

した。スミスの仮説によれば、富は有限でないばかりか、分業や競争といったプロセスを経て、富を作り出すことができるのだという。

19世紀初頭にはほとんどの経済学者が保護貿易主義を信奉していたが、スミスの理論が広く受け入れられるようになると、自由貿易と自由競争の概念が優勢になった。論争はあるものの（1840年代のイギリスの穀物法廃止をめぐる議論）、19世紀末までに、世界の主要経済大国では自由貿易と自由競争が支配的な考えとなった。

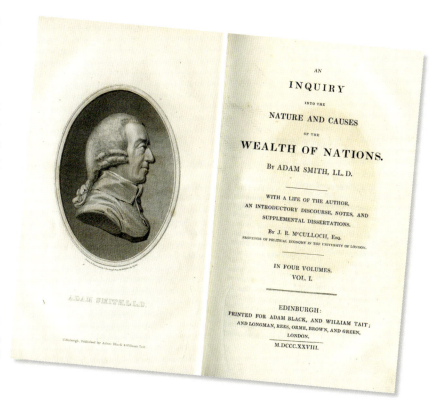

▶『諸国民の富の本質と原因に関する研究』第2版第1巻の口絵。第2版は1778年に出版された。アダム・スミスの独創的な著書は自由市場経済理論における画期的な出来事であり、現代まで経済政策に影響を与え続けている。
Author's collection

▲アダム・スミスはエジンバラで67歳で死去した。セント・ジャイルズ大聖堂の外に立つ記念像はアレクサンダー・ストッダードによるもので、2008年に除幕式が行われた。

ミュール紡績機

023

サミュエル・クロンプトン｜イングランド、ランカシャー｜1779年

ミュール紡績機の発明によって糸の生産量は
増大し、繊維工業にとって大きな前進となった。
最盛期にはランカシャーだけで
ミュール紡績機の紡錘5000万錘が稼働していた。

▲思索するサミュエル・クロンプトン。1800年頃、チャールズ・アリンガムの絵をジェームズ・モリソンが版画にした。
Author's collection

1770年代まで織物は家内工業で製造され、女性が粗糸から糸を紡いでいた。これは時間がかかり大きな労働力を要するため、ジョン・ケイが飛び杼（19ページ参照）を考案しても、女性たちは織り手の要求に応じられるほど十分な糸を作ることができなかった。サミュエル・クロンプトン（1753～1827）が綿その他の繊維を紡ぐことのできるミュール紡績機を1779年に発明すると、状況は一変した。

基本的にはアークライトの水力紡績機（36ページ参照）とジェームズ・ハーグリーブスのジェニー紡績機（33ページ参照）をうまく組み合わせた機械で、クロンプトンの木製ミュール紡績機1号機は48の紡錘を備え、毎日強くて細い糸を0.45kg製造することができた。縦糸にも横糸にも適していて、ミュールはやがて大人気になったが、機械そのものはまだかなりの労働力を要した（各機械に番人ひとりと、リトルピーサーとビッグピーサーあるいはサイドピーサーと呼ばれる糸取り職人の少年がふたり必要だった）。

クロンプトンは自分の設計で特許を取るわけにはいかなかったので、設計をデイビッド・デールに売却した。デールはそこから利益を得続けた。さまざまな人々がその後機械のさらなる開発にかかわり、仕掛けと用材の細かい点が改良された。たとえば、駆動ベルトはまもなく歯車列に代わり、ローラーは木製から金属製に変わった。最初のミュール紡績機は動力に動物を使ったが、やがて水力が利用されるようになった。

クロンプトンの設計はリチャード・ロバーツが1825年に発明した自動ミュール（111ページ参照）に取って代わられたものの、基本的な原理はあまり変わらず、ミュール紡績機は1790年から19世紀が終わる直前までもっとも広く使われた紡績機となった。当時の紡績工場は、1320の紡錘のついたミュール紡績機を60台以上設置しているのが標準だった。そのような機械は1980年代初期まで細糸を製造するのに使われていた。

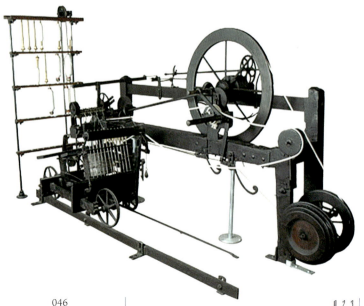

▼ミュール紡績機（写真は小型のもの）の発明により、織物業で使用される糸の大量生産はまた一歩進んだ。各機に紡錘が1320まで取りつけられ、最長46mの糸を紡ぐことができた。最盛期には、ランカシャーだけでミュール紡績機の紡錘5000万錘が稼働していた。
Bolton Library and Museum Services

アイアンブリッジ

エイブラハム・ダービー3世 | イングランド、シュロップシャー | 1779年

シュロップシャーのアイアンブリッジは、鋳鉄で造られた世界初の橋である。この成功により、新たな素材の大きな可能性が示された。

エイブラハム・ダービーがコールブルックデールでコークスを使った鉄の製錬(12ページ参照)に成功したことにより、シュロップシャーのこの地域では経済が急速に発展した。経済が成長するにつれ、川を渡るのに既存の橋(3km以上上流のビルドワスに架かる橋しかなかった)だけでは不十分になってきた。

ブローズリーとマデリーの間に架ける新たな橋をどのような設計にするかについては、さまざまな条件に配慮しなければならなかった。当時川はまだ交通の要路で、シュルーズベリーと行き来する船が多かったため、橋の下を船が十分通れるよう、単径間の橋[支柱が両端にだけある橋]でなければならなかった。また、設計士は渓谷の急斜面や不安定さも考慮しなければならなかった。建築家トマス・ファーノルズ・プリチャード(1723頃～77)は1773年の時点で、地元の製鉄業者のひとり、ジョン・ウィルキンソン(1728～1808)に、鉄橋にしてはどうだろうかと書き送っている。2年後、先駆的なエイブラハム・ダービーの孫、エイブラハム・ダービー3世(1750～89)が会計役になって、単径間の橋を建設するための寄付金を募った。1776年3月の法令で橋建設の許可が下りると、ダービーは建設に必要な鉄の鋳造を委託された。ところが評議員たちがもっと平凡な素材を使うよう求めたため、2か月後、建設を危ぶんだダービーは撤退した。しかしほかに適当な設計案が出なかったため、結局当初の予定どおり鉄橋を建設することになった。

1777年11月、橋の基礎工事が始まり、ふたつの橋台[アーチを受ける橋の両端部分]のため両岸に石が積まれた。これが完成すると、鉄製部分の工事が開始され、1779年7月2日に川にかかる径間部

▲鋳鉄で初めて建造されたこの大橋は、船がセヴァーン川を航行してシュルーズベリーに行けるように、十分な高さが必要だった。

が完成した。橋は最終的に1781年1月1日に開通した。

完成した建造物は径間の長さが30.63mで、木製の橋を架ける大工に理解できる方法で建てられた。約1700の鋳鉄の部品でできた5本の平行のアーチリブからなり、各部品はひとつしか存在せず、同じように見える部品でもサイズにわずかな違いがあった。橋全体で約385tの鉄を要したが、これはすべてダービーが提供した。

開通以来、この橋は何度か大規模な修理を行っている。周辺では何度も地すべりが起きており、修理の一部は渓谷の地盤の不安定さが原因だった(1970年代初めには橋の内側に向かって力が働くのを抑えるため、両橋台を地中梁で結び、ロックアンカーを川底に打ち込んで補強する工事が行われた。そうしなければ橋が崩落する可能性があった)。交通量の増加で橋にかかる重量も増大したため、橋は1934年に歩行者専用となった(同年、史跡として保存指定された)。今ではユネスコの世界遺産となり、橋は多くの人が訪れる観光地となっている。

散弾製造塔

025

ウィリアム・ワッツ｜イングランド、ブリストル｜1782年

散弾製造塔が考案されるまで、
散弾銃で使用できる散弾の製造は
時間がかかり、高価でありながら
精度に欠けていた。
新たな製法は革命をもたらし、
銃弾の供給を増大させ価格を低下させた。

競技にも食料調達のための狩猟にも使われる散弾銃は、35〜45m離れた標的に多くの小さな丸い鉛の弾を発射する。1700年代末には散弾銃の使用はごく一般的になっていたが、銃弾そのものの製造は原始的で、高価なうえ品質にもばらつきがあった。製造コストを下げ硬度も向上させるアイデアを思いついたのは、ウィリアム・ワッツという配管工だ。溶けた鉛をふるいを通して冷水に落とせば、球状の銃弾ができるのではないかと考えたのである。

何度か実験したのち、ワッツは溶けた鉛が冷えて球形になるためには長い距離を落下させなければならないということに気づいた。1775年、彼は銃弾を製造すべく、ブリストルのレッドクリフにある自宅の改造に着手する。自宅上部に塔を建て、その下に縦穴を掘り、全長で27m落下するようにしたのだ。最頂部で鉛を溶かし、穴の空いた亜鉛製のふるいを通して、下部に設置した水槽へと落下させる。溶けた鉛は落ちる際、表面張力でたくさんの丸い球になり、十分冷えると固まり、下の冷水に落ちて堅い球になる。ワッツは玉を大きさごとに仕分けし、基準に合わないものは再び溶かした。

この製法は成功しワッツは特許を取得したが、残念ながら創造力ほどには商才がなく、20年も経たないうちに破産した。しかしこの優れた製造法は世界中に広まり、多くの人々が同様の塔を建設した。より大きな銃弾を製造する場合には、球が冷えるのに時間がかかるため、塔をもっと高くする必要があった。

◀散弾製造塔の原理を示す概略図。Bの火がAの鉛を溶かす。準備ができたら鉛がCのふるいを通して注がれ、Dの水槽に落ちる。落下する間に表面張力が働いて鉛はほぼ完全な球形になる。球は水で冷やされその形のまま硬くなる。

Science Photo Library

チェスターのボートンにある散弾製造塔。シュロップシャー・ユニオン運河沿いに1799年に建設された。同型のもののなかではイギリス最古だが、おそらくは世界でも最古だろう。こういった塔の発明が散弾銃で使用される鉛弾の製造に革命をもたらし、コストを大きく削減させた。

ReprOn1x/WikiCommons(CC BY-SA 3.0)p.50-51

ピロスカフ号

026

クロード＝フランソワ＝ドロテ｜フランス、リヨン｜1783年

蒸気で走る小型船を設計しようという試みは数多くあったが、ジュフロワ・ダバン侯爵のピロスカフ号（「火の船」の意）はこれに初めて成功し、動力船に革命をもたらした。

▲フランス、ブザンソンのエルヴェティア公園のドゥー川沿いに建つジョフロワ・ダバン侯爵（1751～1832）像。彼を蒸気船の最初の発明者と考える人は多い。侯爵の船、ピロスカフ号は1783年に建造された。この発明で特許取得を試みたが、フランス科学アカデミーの妨害とその後の革命勃発で彼の夢はついえた。
Arnaud 25/WikiCommons(CC BY-SA 4.0)

ジョフロワ・ダバン侯爵クロード＝フランソワ＝ドロテ（1751～1832）は、長年にわたり、蒸気を動力とした船の実験を繰り返していた。侯爵は1776年にフランシュコンテ、ボム＝デ＝ダムのドゥー川で、ニューコメン機関を動力としたパルミペド号を走らせることに（不完全ではあったが）初めて成功している。また、1783年7月15日にはリヨンのソーヌ川で、もっと大型のピロスカフ号を実際に走らせてみた。船は全長13m。渉禽の水かきのある足を手本にした回転するフラップが櫂についていた。実験を見ようと数千人の群衆が集まったという。詳細は不明だが、15分ほど蒸気の力で航行したのち、エンジンが大きな音をたて、ボイラーから蒸気が漏れて船体が壊れたらしい。これらは起こりがちな問題だった。船は修理後、さらに何度か試験航行を繰り返した。

しかし侯爵は満足せず、ピロスカフの改良に取り掛かった。次の試験航行で3人のクルーを乗せたピロスカフ号は、排水量163t幅約4.6mで全長は46mを超えた。水平型機関が往復運動する二重の歯竿を動かした。これは船の両側についた大型の外輪を支えるシャフトの鋸歯車とつながっていて、このダブルラチェット機構により外輪が連続して回転するための動力が送られた。

ピロスカフ号は16か月間、リヨンとバルブ島の間を積み荷と乗客を乗せて往復した。成功に興奮した侯爵は、政府に蒸気船会社を始める許可証を求めたが、役人は審査をフランス科学アカデ

◀「蒸気船」ピロスカフ号。1783年7月15日、フランスのソーヌ川で、興奮する数千人の見物人の前で初めて公開試験航行を行った。1900年12月23日付のル・プティ・ジュルナル紙に掲載された挿絵。
Art Media/Print Collector/Getty Images

ミーに押しつけた。

　侯爵はこの発明で特許を取得するため、検討材料として模型を製作した。これは今もパリの海洋博物館に展示されている。彼はパリのセーヌ川でフルサイズの船を試験航行させたがったが、許可が下りなかった。アカデミー会員が結論を出せなかったため政府は侯爵の要求を却下し、その後革命の勃発により、特許は取得されずに終わった。

　侯爵は蒸気船についての学術論文を書いたが、その後実験をやめ、亡命した。代わりにアメリカの発明家ロバート・フルトン（58ページ参照）が蒸気船の開発に成功し、一般的には蒸気動力の船を発明した功績は彼にあると信じられている。度量の大きいフルトンは侯爵のアイデアを借用したことを認めていたが、侯爵自身は忘れ去られ幻滅したまま1832年にパリで亡くなった。

　19世紀半ばまでに、蒸気動力の船は国際取引の場で完全に帆船に取って代わった。

ウィットブレッド機関

027

マシュー・ボールトンとジェームズ・ワット｜スコットランド｜1784年

ジェームズ・ワットの蒸気機関は
産業革命が大きく発展するきっかけとなった。
蒸気を動力とする新技術は
技師や発明家を奮起させ、
今度は彼らが新たな機械や産業を考案し、
それがイギリス経済の未来を後押しした。

ワット（1736〜1819）はスコットランドの機器製作者で、当時広まっていた蒸気で動くシリンダーの技術を利用し、それを分離凝縮器につないで部分真空を作り出す方法を研究していた（大気圧機関とも呼ばれる）。1769年に特許を取得した革新的なアイデアは、シリンダーを熱いまま、凝縮器を冷たいまま保つというものだった。彼はバーミンガムの実業家マシュー・ボールトン（1728〜1809）とともに研究を続け、1775年に動力機関の製造に着手した。ワットはビーム機関の開発を続け、数年のうちに、シリンダーの両側を密封し、シリンダー内のピストンの両側に蒸気を送り込ん

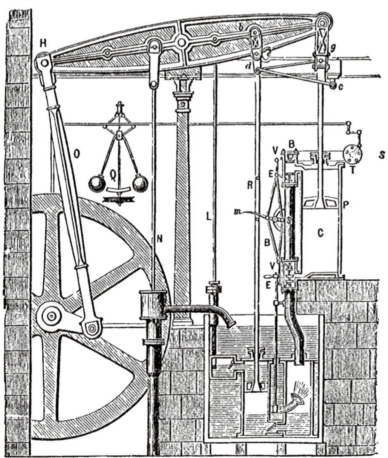

▼ボールトン＆ワット社の初期の蒸気エンジンを描いた1784年の挿絵。蒸気動力を開発したことで、彼らは産業革命の立役者となった。ふたりの働きがなければ、18世紀と19世紀初頭の技術発展はなかったと言っても過言ではない。
Author's collection

▲仕事率や電力を表す国際単位にその名を残しているジェームズ・ワットは、さまざまな意味で産業革命の父と言える。とくに彼がマシュー・ボールトンと提携して作り上げた機関は、産業革命の原動力となった。

で、ピストンが上昇する際も下降する際も力を生み出す複動式の機関を作り上げた。

1784年、ロンドンで醸造所を営むサミュエル・ウィットブレッド（1720〜96）は、従来の馬力による製粉機に代わって、この機関を導入することに決めた。翌年設置されると、新たに加わった動力のおかげでウィットブレッドはイギリス最大の醸造家となった。機関の駆動歯車は多くの木製のラインシャフト［動力で駆動する回転軸］につながり、それが麦芽をつぶすローラー、麦芽をホッパーに送り込むスクリュー・ポンプ、重いものを持ち上げるための巻き上げ機、ビールを汲み上げる3本ピストンのポンプ、大だるのなかの撹拌機へと順につながっていく。別のポンプは機関のビームにつながり、地面に掘られた井戸から屋上のタンクへと水を汲み上げる。この機関は1887年まで醸造所で動き続けていた。

ウィットブレッド機関は最初の回転式ビーム機関のひとつで、ビームの往復運動が回転運動に変換されて動力を連続して作り出す。この革命的な機械が役割を終えると、ウィットブレッドはスクラップにする代わりに、オーストラリア、シドニーの発電所博物館に教材として寄贈した。機関は修復され、今でも正常に運転できる状態にある。

▼ボールトン＆ワット社の最古の現存する蒸気機関は、ウィットブレッド機関と呼ばれ、オーストラリア、シドニーの発電所博物館に常設展示されている。最初の回転式機関で、はずみ車を動かすのに一般的なクランクではなく遊星歯車機構が使用されている。
Newtown Grafitti/WikiCommons(CC BY-SA 2.0)

灯台の明かり

028

アミ・アルガンとマシュー・ボールトン｜イングランド、バーミンガム｜1784年

アルガン灯台用ランプによって灯台の光は非常に見えやすくなり、明るさも信頼性も向上した。このランプは海難事故から多くの命を救い、業界基準となった。

18世紀末まで、灯台では明かりに薪や複数のろうそくを使っていた。だが直火にはさまざまな問題がつきものである。1782年、スイスの物理学者で化学者のアミ・アルガン（1750～1803）とイギリス人共同事業者、マシュー・ボールトン（1728～1809）が新たなランプで灯台に大変革を起こした。このランプは1世紀以上の間、業界基準となった。

新たな工夫を施したのは中空の円筒状芯で、この構造により炎に多くの酸素が届き、より明るく安定した炎となる。さらにバーナーを筒で覆って酸素の上昇を促し、炎を安定させた。このシステムを使えば燃焼効率が向上し、経済的で明るいうえ、煙の出方も少ない。燃料はバーナーよりも高い位置に取りつけられた油タンクから重力供給される（低い位置にある油タンクから芯に送られるのとは対照的だ）。燃料はおもに鯨油、菜種油、オリーブ油、その他の植物性油が使われた。しかしランプは上部が重いので、危険性を否定できない。アルガンは1780年に特許を取ったが、利益を得ることはできなかった。さらに、とくにアメリカでは、対価を支払わず不当に彼のアイデアを利用する者がいた。

1784年、アルガンはイングランドにやって来た。彼のランプ、とくに灯台用の信頼できるランプを製造してくれる共同事業者を探しに来たのである。そこで出会ったのがマシュー・ボールトンだ。彼はバーミンガムの事業主で金属細工のパイオニアであるとともに、ジェームズ・ワット（52ページ参照）の共同事業者でもあった。彼らが製造した初期のランプにはすりガラスが使われ、芯のまわりに薄く色づけされることもあった。のちの製品では二酸化トリウムの覆いを炎の上に吊り下げ、明るく安定した光が作れるようにした。

❖ フレネル・レンズ

フランスの物理学者オーギュスタン＝ジャン・フレネル（1788～1827）が開発したこのレンズは、海上をはるか遠くまで照らせるため、灯台で使うのにとくに適していた。多くの光を集めるためにひとつの巨大なレンズを使用するのではなく、フレネルは同心円状の溝を刻んだマルチレンズを考案した（レンズを作るのに必要なガラスも節約できる）。レンズ全体は曲面部分と平面部分が組み合わさってぎざぎざした状態になっている。

記録に残っている限りでは、1823年、フランス、ボルドーの重要な港に近いジロンド川河口のコルドゥアン灯台で使用されたのが最初である。灯台の光は半径32km以上先まで届いた。

フレネルは灯台のために6種類の異なる大きさ、異なる焦点距離のレンズを作った。とくにアルガン＝ボールトン・ランプとともに使用することで、レンズは数千の命を海難事故から救った。

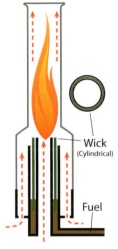

▲アルガン・ランプの仕組みと気流を示す図。
Terry Pepper

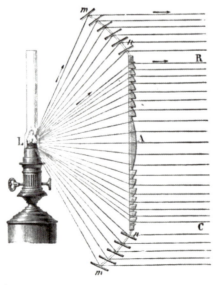

▶ガラスのさまざまな環状部分と角度でどのように光が分散するかを示した、フレネル灯台レンズの図。従来のレンズに比べ遠くまで光が届くため、海岸に潜む危険を船乗りにいち早く警告できた。
WikiCommons

力織機

エドモンド・カートライト｜イングランド、ドンカスター｜1785年

エドモンド・カートライトの力織機は織物業に大変革をもたらした。完璧な設計とは言い難いものの、多くの重要な新機軸を特徴とし、後年さらに優れた織機が生まれるきっかけとなった。

エドモンド・カートライト（1743〜1823）は、人間の手以外のものを使って織機を動かすにはどうすればよいかという難問に取りつかれていた。1784年の最初の試みは失敗に終わった。しかし1785年に特許を取得した2度目の試みは、ずっとうまくいった。これは多くの点で前例を作った。特定の方法で糸を調節する細かいメカニズムや、大きく改良された製品のできばえなどもそのひとつである。こういったメカニズムは荒削りではあったものの、方針を明確に示しており、すべてのちに他の発明家によって改良された。

しかしこの発明は手機（てばた）の織り手には不評だった。自分たちの仕事が脅かされるからだ。敵意は非常に強く、たとえば事業家のロバート・グリムショー（1757〜99）は1790年、マンチェスターのノットミルに織物工場を建設した際、カートライトの力織機を500台導入する予定だったが、わずか30台が導入されたのち、工場は不審火で焼けた。

こういったできごとにもめげず、カートライトは自分の最新の改良型織機を使ってドンカスターで織物工場を始めた。製造を開始すると機械に関するさまざまな問題が明らかになったが、彼は問題を回避し織機を完璧にするため、引き続き改良を加えた。シャトルがシャトルボックスに入らなかった場合に停止させる装置や自動で布を伸ばす「テンプル装置」をつけるといった小さな手直しもそのひとつである。残念ながらカートライトは事業家としての才能はいまひとつで、1793年、債権者に織機を差し押さえられた。

彼の織機は本来なら収めるべき商業的成功は収めなかったものの、織物業に大変革をもたらした。1809年に議会は、カートライトのイギリス経済に対する功績に感謝して1万ポンドの功労金を贈っている。また1821年5月に彼は英国学士院の会員に選ばれた。

◀エドモンド・カートライトは発明家であるとともにイングランド国教会の牧師でもあった。この肖像はロバート・フルトンによる絵をジェームズ・トムソンが版画にしたもの。
Science Photo Library

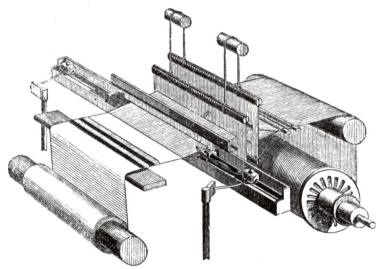

▲エドモンド・カートライトはここに描かれているような力織機を発明した。設計は完全とは言い難かったが、織物業はこれでまた一歩前進した。重要な新しい工夫が数多く施されているのが特徴で、のちの改良版への下地となった。
Getty Images

脱穀機

アンドリュー・ミークル｜スコットランド、イーストロージアン｜1786年

脱穀は収穫の重要な手順のひとつである。
アンドリュー・ミークルの脱穀機は穀物生産高を増進させ、
製粉の進歩に大きく貢献した。

穀物の収穫が始まって以来、脱穀は農業の一部となってきた。聖書から古代ギリシャ神話に至るまで、初期のあらゆる文学でその様子が語られている。しかし1700年代初頭にマイケル・メンジース(〜1766)という発明家が効率化をはかろうとしたものの、1700年代末まで脱穀の手順はほとんど変わっていない。

1778年、機械工のアンドリュー・ミークル(1719〜1811)はスコットランド、イーストロージアンのハウストン・ミルで働き、新たな脱穀機の開発を始めていた。当初はメンジースの設計に基づいて試作を進めていたようだが、うまくいかない。そこで今度はノーサンバーランドで造られていた脱穀機を基にした別の方法に挑戦したが、これも失敗に終わる。それでもミークルはあきらめず、まったく違う手順を考え出した。亜麻打ち機で亜麻から繊維を取り出すのと同じ方法をベースにしたのである。

新たな設計では頑丈なドラムにビーターが取りつけられた。このビーターが穀物を打ち、外側の殻を実からはがす(前の機械は単にこすり合わせるだけだった)。彼は1788年にこのアイデアで特許を取り、その後製造を開始した。顧客のひとり、ジョージ・ワシントンは1792年にアメリカからこの機械を発注している。ワシントンは(兵士で政治家であるばかりか農民でもあった)ミークルの機械が

▼農業の機械化は、ミークルの脱穀機の導入も含め、産業革命の大きな特徴だった。19世紀末には蒸気動力がさらなる発明を牽引した。

▲アンドリュー・ミークルが発明した脱穀機のおかげで、穀物を収穫する際、実から殻を外すのが非常に速くなった。商業的には成功しなかったものの、この機械は製粉の発展に大きく貢献し、人口が増加していた時代に食料供給を迅速化する助けになった。この版画には馬を動力とした脱穀機(上)と水車を動力とした改良型(下)が描かれている。
Wellcome Collection

「4人の人間と4頭の馬で1時間に約2.3klのカラスムギを脱穀できる」と代理人から聞いて興奮したという。残念なことに、ワシントンが関心を抱いてもミークルを苦境から救うには十分ではなく、彼の事業は商業的成功を収めるには至らなかったようだ。ミークルは1809年に貧窮した末、2年後に亡くなった。

蒸気船による最初の定期運航

031

ジョン・フィッチ｜アメリカ、デラウェア川｜1787年

ジョン・フィッチは蒸気船による最初の定期運航を開始し、
ロバート・フルトンはより広範な運航を発展させ、
北米大陸各地への物資の迅速な運搬を可能にして、
アメリカの産業革命を促進した。

ジョン・フィッチ(1743〜1798)はアメリカ初の蒸気船を発明し、アメリカで初めて蒸気船の定期運航を開始した。彼の船はカヌーのような櫂が船の両側に一列に設置されているのが特徴で、動力を与えられた櫂が水をかいて進む仕組みだった。1785年の夏、彼は自分のアイデアを実現するために投資を募ろうと、連合会議［当時のアメリカの政体］に計画を持ち込んだ。ベンジャミン・フランクリンやジョージ・ワシントンといった著名な人々を感銘させたものの、出資者を見つけることはできなかった。

フィッチは自ら蒸気機関を組み立て、最終的に出資者が見つかると、1787年に蒸気船を進水させた。蒸気船はデラウェア川をフィラデルフィアからバーリントンまで航行したが、それでも当局から支援を得ることはできない。そこで今度は船尾に櫂を取りつけ小型のボイラーを搭載した、もっと大型で速い蒸気船を建造した。1790年までに彼はデラウェア川をフィラデルフィアからブリストルを経てトレントンまで、週に3回往復できるようになった。運賃は競争相手の駅馬車より安く、ソーセージやラム酒やビールが無料でふるまわれた。しかしその夏、ほぼ4850kmを蒸気動力で順調に航行したものの、この冒険的事業は利

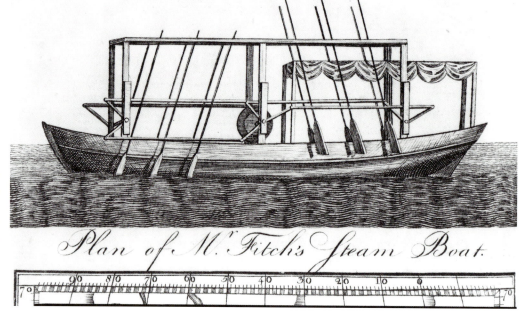

▶1787年、ジョン・フィッチはデラウェア川で蒸気動力船の試験航行に初めて成功した。パーセヴィランス号と名づけられたこの船には木材を燃料とするボイラーが搭載され、6組の垂直の木製櫂に動力が伝えられて時速5kmで進んだ。
Library of Congress

▲ロバート・フルトンの蒸気船クラーモント号は、河川での定期運航を開始し、ハドソン川での運航が成功したことから、まもなく他の6つの川でも定期運航を行うことになった。これはアメリカ大陸内陸部の開拓や北米における産業革命進展への一助となった。
New York Public Library Digital Collection

益を上げるほどの人気は出なかった。フィッチは自分の蒸気船でアメリカの特許を得ることができたが、投資家には見捨てられた。切羽詰まったフィッチはフランスに渡ったが、フランスは革命のさなかで、それどころではない。帰国後、彼は極貧に陥って自殺し、貧困者用の墓地に葬られた。

ロバート・フルトン（1765〜1815）はペンシルヴェニアのイギリス人居留地で生まれ、肖像画家として働き始め、ベンジャミン・フランクリンの肖像画を描いたことによりロンドンで名声を得た。彼は運河や造船に投資し、蒸気機関の可能性、とくにその船舶への搭載に関心を抱いていた。

1800年、フルトンは最初の実用的な潜水艦「ノーチラス」号の試験航行に初めて成功した。しかしフランス人もイギリス人も投資するほどの関心は持たなかったため、フルトンは1802年に帰国すると、ロバート・リヴィングストンの共同事業者となり、ハドソン川での蒸気船営業の独占免許を勝ち取った。

フルトンは特別なイギリス製蒸気機関を入手し、それを「クラーモント」号（以前は「フルトンの愚行」と呼ばれていた）という船尾の四角い平底船に搭載した。クラーモント号は1807年8月17日に進水し、ニューヨークからオールバニまで240kmを蒸気で航行した。平均時速8kmで、要した時間は32時間。航行時間が短縮されたことによりこの冒険的試みは成功を収め、定期運航の環境は整った。5年も経たないうちにフルトンは大成功を収め、6本の主要な川で蒸気船の定期運航を行うようになった。ニューオーリンズ、ルイジアナとナッチェスを結ぶ貨物輸送や、チェサピーク湾横断船もそのひとつである。

発明家ではなかったものの、フルトンは洞察力に富む人物だった。先見の明に満ちた彼のアイデアは、広大な大陸で事業家が迅速に商品や原材料を運ぶのを手助けし、北米の産業革命を推進した。それにより探検や入植のための方法も広がり、アメリカ経済の未来は確かなものになった。

ガス灯

032

ウィリアム・マードック ｜ イングランド、コーンウォール ｜ 1790年代

現在では、暗くなったとき、家や職場や街に照明があるのは
当然のことと思われている。ウィリアム・マードックが石炭ガスの
新たな使用法を考案したおかげで、大規模な照明が初めて可能になった。

ウィリアム・マードック（1754〜1839）はスコットランドの技師兼発明家で、ジェームズ・ワット（34ページ参照）の原型工場であるソーホー鋳造所で働くため、バーミンガムにやってきた。まもなく彼は蒸気機関の調整と組立の専門家となり、1779年にはコーンウォールに派遣され、スズ鉱山の排水用に設置された蒸気機関（52ページ参照）の整備や管理を担当した。

コーンウォールにいる間、マードックは多くの蒸気機関の改良や、他の科学的発見に関与した。ビールから不純物を取り除くのに使われていた高価なロシア製アイシングラス［魚の浮袋から抽出されるゼラチン］の代替品を、ずっと安い乾燥タラから作り出したのもそのひとつだ。この発明で大きな

▶コーンウォール、レッドルースのクロスストリートにあるウィリアム・マードックの自宅。ここでガス灯の実験が行われた。ガス照明がついた最初の建物だったとも考えられるが、ソーホー鋳造所か彼の仕事場に先に照明が設置された可能性が高い。
Tim Green/WikiCommons(CC BY-SA 2.0)

▲1795年、ウェストミッドランド、スメスウィックのバーミンガム運河のそばにソーホー鋳造所は建てられた。マシュー・ボールトンとジェームズ・ワットが蒸気機関を製造するために設立した工場である。最新式の設計と管理技術は他の工場の模範となったが、さらにマードックのおかげでガスによる照明が設置されていた。
Science Photo Library p.62-63

コスト削減に成功したため、ロンドン醸造家委員会は技術使用料として彼に2000ポンドを支払っている。

当時家庭や職場は油と獣脂を使った明かりで照らされていたが、1792年から1794年にかけて、マードックは新たな家庭用照明を考案した。彼の一番よく知られた発明である。ある日、火のそばでくつろいでいたマードックは、パイプに石炭の粉を詰めて炎に近づけると、ガスが吸い口から漏れ、着火して明るい光を放つことに気づいた。そこで石炭その他の材料を燃焼させ、集めたガスによって発せられる光で実験を始めた。詳細は不明だが、おそらく小さな容器に石炭を満たして燃やし、発生したガスを集めて実験していたのだろう。彼は古い銃身に取りつけた長い鉄のチューブを容器につなぎ、出てきたガスに点火して明かりを作った。レッドルースのクロスストリートにあるコテージやソーホーの家にガスによる照明を設置したとも言われているが、実演を見た人物からの信頼できる情報によれば、照明設備は彼の仕事場か鋳造所にあったようだ。

マードックは装置の改良を進め、さまざまな材料によってガスの性質がどう変わるのかや、どうすればガスを安全に純化し、輸送し、保管できるかについて実験した。1798年にはバーミンガムに戻って実験を続け、ソーホー鋳造所の建物内部に照明を設置した。1802年にはアミアンの和議を祝して屋外を照明している。3年後、彼はソルフォードのフィリップス＆リー紡績工場に全館照明を施した。当初ガス灯は50基だったが、実験を継続して（たとえば、臭いを取り除くために石灰を使ってガスを純化した）、ガス灯はまもなく904基に増えた。しかしマードックは致命的な誤りを犯していた。特許を取っていなかったため、ガス灯で大きな富を得ることができなかったのである。彼は1830年までボールトン＆ワット社の発明家兼共同事業者だった。

綿繰り機

033

イーライ・ホイットニー｜アメリカ、ジョージア｜1793～94

綿繰り機は綿の処理を迅速化したが、
図らずもアメリカ最南部地方の
何百万ものアフリカ系アメリカ人の生活を
悲惨なものにしてしまった。

マサチューセッツ生まれでイェール大学を卒業したイーライ・ホイットニー（1765～1825）は、借金返済のために金を稼がなければならず、南部、ジョージア州のプランテーションに家庭教師として雇われた。彼は農場主が短繊維のアプランド綿で利益をあげるには、ふわふわした実綿から粘り気のある緑色の種を簡単に除去する方法を見つけることが必要だとすぐに気づいた。また、発明品で14年間（現在は20年）の特許を取得できればその収益で金持ちになれると知り、雇い主であるキャサリン・グリーン（独立戦争で亡くなった将軍ナサニエル・グリーンの未亡人）から財政的・精神的支援を得て、種を除去できる機械を発明しようと決めた。ホイットニーは何か月もかかって綿繰り機を考案した。

装置の構造は簡単だ。回転する木製シリンダーに埋め込まれた針金製の歯と鉤で実綿をしごくだけである。そうすると狭い櫛のような隙間を繊維は通るが、種は引っかかって通ることができない。この装置を使えば1日に25kgの綿を処理できた。1号機は手回し式だったが、のちの大型装置は馬力、あるいは水力を用いた。これにより処理能力が大幅にアップしたので、特許（1794年に出願され、1807年に発効した）はほぼ完全に無視され、ホイットニーは侵害者を何度も告訴したにもかかわらず、アイデアから得た金はほとんどないも同然だった。彼は1797年に事業から撤退した。

綿繰り機が及ぼした経済的・社会的影響は甚大だった。19世紀半ばにはアメリカは世界の綿の3/4を栽培ならびに供給するようになり、南部の

◀イーライ・ホイットニーの肖像。綿繰り機は高性能だと認められたが、ホイットニーは特許権を無視され、ほとんど利益を得ることができなかった。彼は何年もかかって特許侵害を訴えたが、数があまりに多くて防止できず、また綿からの利益はあまりに多額だったため、南部の農場主が不当に利用するのを止めることもできなかった。

Library of Congress

農場主に大きな富をもたらした。その結果、より多くの土地を求めようとする動きが高まり、奴隷の需要も拡大した。実際、奴隷の数は増加した。1790年に奴隷州は6州だったのに、1860年には15州になった。1860年のアメリカの人口調査によれば、奴隷の総数は395万3761人で、南部の住人の3人にひとりが奴隷だったと考えられる。

THE FIRST COTTON-GIN.—Drawn by William L. Sheppard.—[See Page 814.

▲綿繰り機の思わぬ影響は、強制的な労働、つまり奴隷に対する情け容赦ない搾取という形で現れた。何百万ものアフリカ人が捕らえられ、大西洋を越えて運ばれてきた。アメリカ南部一帯に植えられた綿花の大農場で無慈悲に働かせるためである。イギリスが奴隷制度を撤廃したあとも、その南部とのつながりにより、共謀は続いた。
Library of Congress

◀綿繰り機の発明後には、綿を摘む労働者がますます必要になった。彩色リトグラフ。
Wellcome Foundation(CC BY 4.0)

| 11 | 綿繰り機 | 063

水圧プレス

034

ジョセフ・ブラマー｜イングランド、バーンズリー｜1795年

水圧プレスが発明されたおかげで、技師はこの機械がないと
不可能ではないにしても難しい設計や製造にとりかかることができた。

産業革命時代の技師がより大きな規模で何か
を作ろうとすれば、悩みの種は工作機械の
多くが要求にかなうほど強力ではないという点
だった。多くの部品を組み立てる際、基本的な手
順のひとつに、ある部分を別の部分に強く圧力を
かけて押しつけるという方法がある。摩擦の働き
でばらばらにならないようにできるのだ。しか
し、何かをもとの2倍の大きさで作ろうと思え
ば、圧力も2倍以上必要だ。もっと強力なプレス

▼無名の画家による、イン
グランドの発明家兼錠前師
ジョセフ・ブラマー（1748～
1814）の肖像画。彼はヨー
クシャー、バーンズリーの
ステインボローで生まれた。
Science Photo Library

機を使わない限り克服できない問題なのである。

イングランド、ヨークシャーのバーンズリーで
生まれた発明家ジョセフ・ブラマー（1748～1814）
は、その解決策として水圧プレスを開発した。高
性能の錠前を製造しているブラマーは、自分が使
う工作機械の設計も行っていた。彼が成功したの
は、職人として非常に高い技量を持っていたこ
と、そして部品を念入りに検査していたという事
実に負うところが非常に大きい。それが正確で信
頼できる機械の製造につながり、彼は今日、産業
品質管理の父とみなされている。

ブラマーの水圧プレスは、密閉容器の中では圧
力があらゆる部分で一定だというパスカルの液体
力学の原理を応用していた。必要な力を出すため
に、ブラマーはピストンを小さなシリンダーの中
で動かし、大きなシリンダーにゆっくりと加圧し
た。大きなシリンダーの先には実際にプレスを行
う液圧プレスがある。このようにゆっくり加わっ
た力は増幅されるので、最低の努力で最大の圧力
を加えることができる。

ブラマーは1795年にこのアイデアで特許を取
得し、今に至るまでその機械がブラマー・プレス
と呼ばれるほどの成功を収めた。その改良版は世
界中のあらゆる作業場で見ることができる。

▶産業革命初期は、多くの基本的な工作機械の問題で進歩が
阻害された。基本的な圧力以上の何かを使ってものを圧着さ
せることができる道具が製造者になかったため、機械設計の
大きさと複雑さが制限されたのも、そのひとつである。ジョ
セフ・ブラマーの水圧プレスはこの問題を一夜にして解決し
た。
Wellcome Collection

PRESS.

Mr BRAMAH'S HYDROSTATIC PRESS.

Fig. 3. Plan.

Fig. 4. Plan.

Fig. 2.

Elevation.

Fig. 1.

H

K

I

Sections of the

Pump

Cylinder

Fig. 5.

Fig. 7.

Fig. 6.

Published as the Act directs, 1812, by Longman, Hurst, Rees, Orme and Brown Paternoster Row.

鋳鉄製の水路橋

035

トマス・テルフォード｜イングランド、シュロップシャー｜1796年

洪水で壊れた石造りの水路橋に代え、
トマス・テルフォードは世界初の
鉄製の大型水路橋を造り上げた。

シュロップシャー、ロングドン＝オン＝ターンでシュルーズベリー運河にかかる全長57mの水路橋は、世界初の鋳鉄製水路橋と考えられているものの、実際にはベンジャミン・アウトラム（1764〜1805）がダービー運河のホルムズにかけた水路橋の1か月あとに完成した。もっともこちらはずっと短い（13m）。

1793年の法令で、シュルーズベリーからケトレー、トレンチ、ニューポートへの運河建設が許可された。27kmにわたるシュルーズベリー・ニューポート運河（またはたんにシュルーズベリー運河）には、11の閘門とトレンチのインクライン［標高差のある水路で輸送を容易にするための装置］（ウォンブリッジ運河と物理的につなげるために作られていた）がある。1797年には開通していたが、当時は全国的な運河網には接続しておらず、1833年、バーミンガム・リヴァプール・ジャンクション運河によってノーバリー・ジャンクションとワッペンズホールがつながった。

シュルーズベリー運河の最初の技師長はジョサイア・クロウス（1735〜95）だったが、途中で亡くなったため、トマス・テルフォード（1757〜1834）が後任となった。彼はシュロップシャーの公共事業測量師で、近くのエルズミア運河の設計にもかかわっていた。

シュルーズベリー運河のプロジェクトを引き継いだ直後、テルフォードは問題に直面した。ターン川を越えるためにクロウスがロングドン＝オン＝ターンに建設していた石造りの水路橋が、1795年2月の洪水で流されていたのだ。当初テルフォードは同様に石で建造し直そうと考えていた。しかし、ウィリアム・レイノルズ（1758〜1803）といった地元の製鉄業者に説得されて（彼らの多くは運河会社に投資していた）、代わりに鋳鉄を使うことにした。完成した水路橋は全長約57mで、2本の鋳鉄製のトラフ［溝形の部材］でできている。ケトレーにあるレイノルズの製鉄所で部材ごとに分けて鋳造した。2本のトラフのうち大きいほうは幅2.3m、深さ1.4mで運河をつなぐ水路として、狭いほうのトラフは曳舟道として使えるよう設計されていた。新たな水路橋は1796年に完成した。

シュルーズベリー運河は1846年にシュロップシャー・ユニオン鉄道・運河会社に吸収されたが、鉄道産業の隆盛とともに（他の多くの運河と同様に）しだいに衰退し、1922年に初めて閉鎖される区間ができた。1939年までにロングドンの西側の運河が閉鎖され、このルートの最後の区間も1944年に閉鎖された。運河のなかには完全になくなった区間もあるが、ロングドン＝オン＝ターンの水路橋は現在1級指定建造物に登録されて現存し、2000年にはルートを保存し修復するためにシュルーズベリー・ニューポート運河トラストが設立された。

▼トマス・テルフォードが設計したロングドン＝オン＝ターンの水路橋は、鋳鉄で建造された水路橋の第1号である。運河はもう使用されていないが水路橋は現存し、1級指定建造物になっている。
Alamy

ねじ切り旋盤

ヘンリー・モーズリー｜イングランド、ロンドン｜1797年

ねじ切り旋盤は1500年代から存在していたが、商業生産に十分なほど
精密なものはなかった。モーズリーの設計によって初めて、
十分に互換性のあるボルトの本格的な生産が可能になった。

旋盤とは工作物を軸に固定して回転させ、そこに切削工具を当てて切り込むという工作機械だが、その基本的な原理は古代から知られていた。工具製作者は長い年月の間にさまざまな改良を加えた。初期のねじ切り工具は、単刃工具を工作物に当て、それを操りながらねじ筋を切っていくというもので、1400年代頃から存在していた。だが、これらの機械は比較的原始的で、工業的用途に求められる精密さに欠けていた。使用に向く深さのねじ筋を作るためには何度か切削をしなければならないので、最大の技術的問題は、続いて切削する際に道具が常に適切な道筋に沿って間違いなく進む方法を見つけることだった。もしその位置取りがわずかにでもずれたら、道具は材料の間違った部分を切ってしまい、ねじ筋がだめになる。

答えは精度の高い親ねじを使うことだった。これは基本的に旋盤の台に平行に延びるねじ筋のついた軸だ。刃物は位置取りする装置によって親ねじと連動する。そしてこれがつねに正しい位置にある限り、刃物は同じ切削経路を繰り返したどることができる。レオナルド・ダ・ヴィンチはこれと似たタイプの設計図を残している。その何枚かには換え歯車までついていて、歯車装置を変えれば異なるピッチのねじ筋を切ることができるようになっている。だがこの時代には、実用的な工作機械を作ることはできなかった。

1700年代にはさまざまな技師が新たな設計を提案したが、工業的に利用できるものはなかった。しかしヘンリー・モーズリー（1771〜1831）が1797年に発明した旋盤は、必要な特徴をすべて備えており、日常使用に十分適した実用的かつ頑丈な機械だった。木の枠の上に組み立てられたこの機械は、精度の高い交換可能な部品を製造する道筋を開いた。その結果、まもなく広く認められる規格が導入され、誰もが同じねじ筋でねじを作れるようになった。ねじ筋のピッチ、角度、外径と内径といった主な要素はすべて規格の対象となった。

以来、旋盤は生産現場で人気となり、毎日酷使された。モーズリーは、正確さと機能を維持するためには機械をもっと頑強にする必要があると理解していた。彼は自分のねじ切り旋盤をさらに優れたものにしようと研究を重ね、1810年に初の金属製旋盤を製作した。

▲技師で工具製作者で発明家のヘンリー・モーズリー。1827年のピエール・ルイス・グレヴドンによる肖像画。モーズリーはロンドンのウーリッジで生まれ、当初は王立工廠で働いていた父の跡を継ぐべく鍛冶工の修行をしていた。
Science Photo Library

▼モーズリーの旋盤は、互換性のある部品を製造できる頑丈で安定した初めての工作機械だった。写真はのちにリチャード・ロバーツが製造した旋盤。
Getty Images

ディザーリントンの亜麻布工場

イングランド、シュロップシャー｜1797年

工場火災の問題への解決策を提供すべく建設されたシュルーズベリー、
ディザーリントンの亜麻布工場は、世界初の鉄骨建築となった。
今日の超高層ビルの先駆である。

現在超高層ビルの祖父と考えられているのは、シュルーズベリーの中心に近いディザーリントンに建てられた亜麻布工場だ。これはイギリス諸島にかつて建設されたなかでもっとも重要な工業用建物のひとつだと言える。歴史的に、黎明期の工場に付随する大きな問題のひとつは、焼失しやすいということだった。綿業のような繊維産業では大量のほこりが出る。そこにろうそくの明かりや他の裸火が着火すると急速に火が燃え移るため、絶えず火事の危険があったのだ。

18世紀末頃、多くの建築家と土木技師たちがこの問題の解決に乗り出した。ウィリアム・ストラット（1756〜1830）は鋳鉄製の橋を建造し、ダービーの工場建設に鋳鉄製の柱を導入し、ベルパーでは新たなウェスト・ミルを設計し、1795年に完成させていた。この工場では火を防ぐために薄い鉄板で覆われた木製の梁を鋳鉄製の柱が支え、レンガのアーチが床を支えていた。

ストラットはディザーリントンの亜麻布工場建設でさらなる防火対策を取った。鋳鉄の柱とレンガのアーチは同じだったが、ディザーリントンでは木製の梁に代わって鉄の梁を使用した。世界初の鉄骨建築である。設計はチャールズ・ウーリー・バージ（1751〜1822）が担当した。彼はダービシャー出身で、リーズを本拠地とする工場主ジョン・マーシャル（1765〜1845）と共同事業者、トマスとベンジャミンのベニヨン兄弟（ともにシュルーズベリーの羊毛商だった）のために、シュルーズベリーで働いていた。3人は1795年にリーズに亜麻布工場を建設して共同経営していたが、翌年の火事で工場が焼失してしまい、それで今度は新たな耐火性の建物をディザーリントンに建てようと考えたのである。

工場は1796年から97年に、1万7000ポンドの建築費をかけて建設された。マーシャル、ベニヨン兄弟、バージの提携は1804年に解消され、ジョン・マーシャルが工場主になった。工場は1886年まで亜麻布を製造し続けたが、売却後は100年にわたり醸造業のための麦芽製造に使われ、その事業も1987年に終了した。長年放置されたのち、イングリッシュ・ヘリテッジ［イギリスの歴史的建造物を保護するために政府によって設立された組織］の「危機に瀕した建築物」のリストに載せられ、今ではすべて2級あるいは2*級指定建造物となったこの工場団地の建物は、イングリッシュ・ヘリテッジが買い上げ、現在長期修復計画のさなかにある。

▶ディザーリントンの亜麻布工場の内部。鋳鉄製の骨組みがレンガの導流溝と組み合わされている。当初レンガは火災の危険を最小限に抑えるために使われた。初期の工場の多くは、製造過程で出るほこりに着火して焼失した。

Peter Waller

▶シュールズベリーにほど近いディザーリントン工場団地の外観。当時先駆的だったこの鋳鉄製建造物は、今では現代の超高層ビルの先駆けだと考えられている。

パフィング・デヴィル号

038

リチャード・トレビシック｜イングランド、コーンウォール｜1801年

リチャード・トレビシックはコーンウォールの鉱山のマネージャーの息子で、
産業革命のもっとも偉大な技師兼発明家のひとりであるとともに、
実用的な蒸気機関車を造った最初の人物である。

親が鉱山のマネージャーだった関係で、リチャード・トレビシック（1771～1833）も鉱山で働いていた。工学技術や新機軸に対する関心や才能があった彼は、どうしたらコーンウォールのスズ鉱で蒸気機関を活用できるかについて真剣に考え、新たな技術の修正や改良を繰り返していた。とくにボイラーの設計と組立には熱心で、高い蒸気圧に対処できる安全なボイラーの製作を目指していた。実験の結果、彼は高圧蒸気機関の発明に成功した。この機関は復水器が不要なので、より小さく軽く、コンパクトにできる。また、復水器がなければ、エンジンに必要な水も少なくて済む。これは水の供給が限られる場所では重要だ。

カンボーンの自宅で、トレビシックは最初は定置型、それから台車につけた高圧蒸気機関の試作品を造った。垂直なパイプ（煙突）から排気を放出し（復水器は不要）、クランクが直線運動を円運動に変換する。彼はボールトン＆ワット社の蒸気機関（52ページ参照）の特許を侵害しないよう注意しなければならなかった。こういったライバル技師は絶えず特許侵害に目を光らせていたからだ（この発明は多くの利益につながりうる新技術だったので、競争も非情だった）。

1801年、トレビシックはパフィング・デヴィル号をお披露目した。人が乗れるサイズの蒸気自動車で、彼はデモンストレーションとして、クリスマスイブにカンボーン・ヒルをドライブしてみせた。その蒸気機関は3日後、さらなるテスト走行をしている最中に、十分な蒸気圧を維持できずに故障した。車は運転手たちが地元のパブでガチョウのローストや飲み物を楽しんでいる間近くに放置されていたが、水が煮え立ってオーバーヒートし、車がまる焼けになった。トレビシックはさほど落ち込む様子もなく、残りの人生を蒸気機関車の実験と改良に費やした。エンジンの模型を手にしたトレビシックの像が、カンボーンの公共図書館の敷地に誇らしげに立っている。その場所はかつて彼がパフィング・デヴィル号を走らせたルートにあたる。カンボーンでは毎年4月の最終土曜日が「トレビシックの日」とされ、彼の高圧蒸気動力の発明と、コーンウォールの鉱工業の産業遺産を記念した祝典が催される。

▶「コーンウォールの巨人」と呼ばれるリチャード・トレビシックは、産業革命初期を牽引したひとりである。彼の飛躍的な発明の才と想像力で発明品が生まれ、動力に高圧蒸気を用いた最初の実用的な機関車用蒸気機関を作ることができた。多くの発明を残したが、この巨大な男（身長1.9mで、レスリング選手としても有名だった）は貧困のなかで亡くなった。

Getty Images

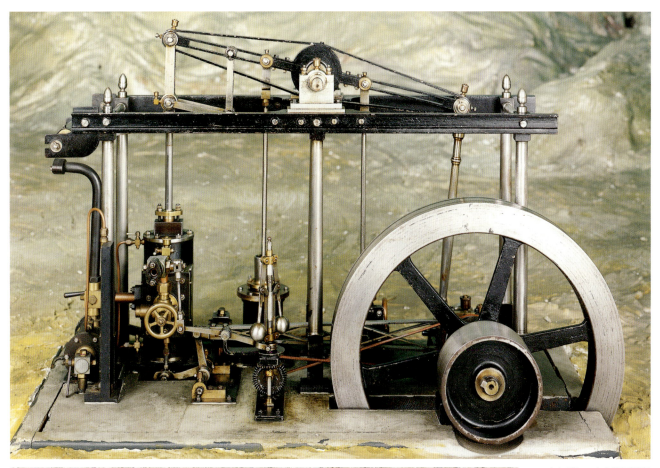

▲トレビシックの高圧蒸気機関の実演モデル。この機関で約345kpの蒸気圧を生み出すことができた。以前の蒸気機関より小型なのに強力で、機関車の動力として使用可能だった。
Getty Images

◀カンボーンのトレビシック記念碑台座の細部。
Tim Green from Bradford/WikiCommons(CC BY 2.0)

ハッテラス岬灯台

039

アメリカ、ノースカロライナ｜1802年

この付近は東部の海岸線のなかで
もっとも危険な場所のひとつだったが、
ハッテラス岬灯台が建設されたことで
かなり安全になった。

大西洋の西端にあるアウターバンクスの防波島、ハッテラス島に、ハッテラス岬灯台は建っている。ここは北へ向かう暖流のフロリダ海流と、南に向かう寒流のヴァージニア吹送流(ラブラドル海流の支流)がぶつかる場所だ。南へ向かう船は海流のせいで、危険で変化しやすい、長さ19kmに及ぶダイヤモンド・ショールズと呼ばれる砂州に押しやられる。この水域は激しい嵐やうねりが起こりやすく、何世紀もの間に数千隻の船が難破している。「大西洋の墓場」と呼ばれるのも無理はない。この水域があまりに悪名高いため、アメリカ議会は1794年に灯台の建設を許可し、4万4000ドルの予算を配分した。建国の父で初代財務長官でもあるアレクサンダー・ハミルトンはこの水域を子供の頃から知っていて、嵐で真っ暗ななか岬付近を航海してたいそう恐い思いをしたので、海難事故から命を救うため、機会があれば絶対にケープポイントに灯台を建てようと誓ったという。

建設は1799年に始まり、海抜34mの地点に1802年に完成した。もとは黒っぽい砂岩で造られ、高さは27.5mだったが、晴れていないと見えにくいことが判明した。あまりに低く、あまりに地味な色あいだからだ。18個の鯨油ランプと36cmの反射器がついており、晴れた日には光は29km先まで届いた。最初の灯台守はアダム・ガスキンスで、建設が完了する1年前にジェファーソン大統領自ら任命した。

しかし1850年代には、ハッテラス岬灯台は大西洋岸で最悪の灯台だと船長たちが不満をもらすようになった。低すぎるし、明かりがあまりにぼんやりしていて他の船の明かりと間違えやすいため、救助するのも航行するのも危険だというのだ。そこで1853年、塔は18.5m伸ばして高さ46mになった。そして伸ばした部分は目立つように赤く塗られた。最終的に、灯台には新たなフレネル・レンズ(54ページ参照)が取りつけられ、ずっと

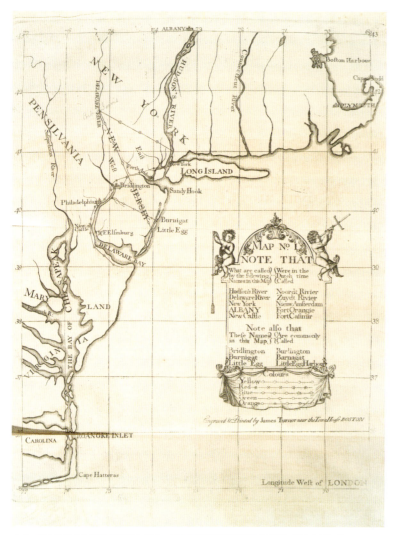

▲ノースカロライナ州の東岸にあるハッテラス岬の位置が地図の左下に記されている。

New York Public Library Digital Collection

遠くまで光が届くようになった。
　1861年の夏、北軍の部隊がハッテラス島を占領し、多くの兵士が灯台の周囲に宿営して、南軍による爆撃計画から灯台を守ろうとした。爆撃で灯台は損害を受け、すでに劣化していた建物は一層傷んだ。議会は1867年にハッテラス岬灯台の移築を決めた。

▲1999年、海岸線がほんの15～20mのところまで迫ってきたため、議論の末、ハッテラス岬灯台を移築する決定がなされた。地元の抗議があったにもかかわらず、灯台はジャッキで上げられ、海岸線から450mの位置までレールに乗せて曳かれた。以来、そのかつての基礎部分はときどき水没している。
Library of Congress

抄紙機

040

フログモア工場、イングランド、ハートフォードシャー｜1803年

大規模に紙が製造できるようになったことで、かつて富裕層にしか
手の届かなかった本が庶民にも買えるようになった。
その結果、識字能力が向上し、教育を受けられる層がずっと広がった。

現在では非常にありふれたものなので、紙について改めて考えてみようというひとはほとんどいない。だが近代的な製法が考案されるまで、製造に時間がかかりコストも高くつく紙は貴重品だった。いくつかの代替品はあったものの（パピルスと羊皮紙は卓越していた）、どれもあまりに高価で供給も不足していた。その結果、本を手に入れられるのは宗教団体か富裕層に限られた。しかし最初の抄紙機がフログモア工場で発明されると、状況は一変する。この工場はハートフォードシャー、アプスリーの村にあり、もとは製粉工場だった。

機械設置の背後にある物語は込み入っている。もともと機械を発明したのは、フランス人会計士、ニコラ・ルイ・ロベール（1761〜1828）だ。しかし彼は設計図を雇い主に売り、雇い主が今度はイギリス人ジョン・ギャンブルに譲り渡した。ギャンブルはその後イギリスの特許を取得し、ヘンリー（1766〜1854）とシーリー（1773〜1847）のフォードリニア兄弟と組んだ。ふたりが事業を成功させるだけの経済的資力を持ち合わせていたからである。彼らは技師のジョン・ホールに機械の製作を依頼した。のちに彼の義兄弟であるブライアン・ドンキン（1768〜1855）も加わり、抄紙機は1803年に完成した。

製造工程はまず、切り裂いた亜麻布と水で薄いパルプ懸濁液（けんだくえき）を作るところから始まる。これを回転する金網付きの筒に注ぐと、余分な水が落ちて、できあがった湿紙はプレスパートに送り込まれる。そこで湿紙をフェルトの毛布に移し、ふたつのローラーに挟んで残った水分を搾り取る。これを十分乾かしてから巻き取り、シート状に切断し、吊るして乾燥させる。この革命的な工程で労働コストが削減され、紙の価格は75パーセント低下した。

のちに設計が改良され、蒸気乾燥機などが加わったことで、工程はより速くなった。19世紀の終わりには、イギリスは年に65万tの紙を製造するようになり、識字能力も大きく向上した。

▼紙を製造する工程。旧式の方法（上）は手で行われ、時間がかかりコストも高くついた。大量生産方式（下）をとることで、労働コストを削減できた。
Science Photo Library

オルクトル・アンフィボロス

041

オリヴァー・エヴァンス｜アメリカ、フィラデルフィア｜1804年

オルクトル・アンフィボロスは商業的には成功しなかったものの、
概念としては非常に大きな前進を遂げ、機関車と蒸気船が
実現可能であることを示し、新世代の発明家たちを奮起させた。

オルクトル・アンフィボロスとは、オリヴァー・エヴァンス（1755～1819）が自分の発明品につけた名前で、これはアメリカ初の蒸気自動車であるとともに水陸両用車だった。蒸気機関はそれまでもアメリカで何度か製造されていたが、ほとんどが低圧力で効率が悪かった。エヴァンスは一歩先んじるためには高圧蒸気が必要だと固く信じ、蒸気自動車を作る夢を長年抱いていた。ただ、高圧を利用するには製造工程と材料の観点から技術上の大躍進が必要だった。利点を考えると、そのような機関ははるかに強力なだけでなく、従来の低圧の機関よりはるかに小型化できるはずだった。

高圧蒸気を使うことに関しては、乗り越えられそうにない技術的な問題があったが（とくに高圧ではボイラーが持ちこたえられないと信じられていた）、エヴァンスは躊躇しなかった。そして新たな設計に向かって邁進した。彼は復水器を使って蒸気をコントロールするという従来の方法が非効率的だということにいち早く気づき、複動式シリンダーや新たなバルブ装置といった、復水器に代わるさまざまな新しいメカニズムを取り入れた。徹底的な

変更を加えたことによって、組立が容易で、安価であるとともに操作も簡単な機関が誕生した。さらなる利点は、稼働させるのに大量の水を必要としないことだった。それはつまり、自動車や機関車への搭載にも、広範な工業用用途にもはるかに適していることを意味した。

エヴァンスの蒸気機関を使った最初の冒険的事業は、フィラデルフィア保健省からの依頼だった。街の船舶修理所をきれいにし、砂州を取り除く浚渫船を建造してほしいというのだ。エヴァンスが考案したのがオルクトル・アンフィボロス（水陸両用の掘削具）である。バケットチェーンを使って浚渫作業を行う平底船だ。エヴァンスの高圧機関を動力源とし、長さ約9m、幅3.7m、重さ17t。フィラデルフィアの工房からスクールキル川に運ぶために、彼は船に4つの車輪をつけ、同じ動力源を使用した。1805年7月13日、オルクトル・アンフィボロスが現場に移動したという記録が残っている。残念ながら、この機械は浚渫の仕事をうまくこなせなかったらしく、3年後に解体された。

▲1834年7月のボストン・メカニック＆ジャーナル・オブ・ザ・ユースフル・アーツ＆サイエンスの挿絵。エヴァンスが発明した水陸両用車オルクトル・アンフィボロスが描かれている。商業的には成功しなかったものの、高圧蒸気を動力とする機関の使用は、機関車や蒸気船にも応用できるということを意味した。
Getty Images

◀W.G.ジャックマンによるオリヴァー・エヴァンスの肖像版画。「アメリカのワット」と呼ばれ、1819年に亡くなった。ピッツバーグからフィラデルフィアまで販路を広げ、彼の製鉄所で製造された蒸気機関はアメリカ中で使用された。
Science Photo Library

ミア・アラムの多連式アーチダム

042

ヘンリー・ラッセル｜インド、ハイデラバード｜1804年

世界初の多連式アーチダムであるハイデラバードのミア・アラム・ダムは、おそらくアーチ式の安定性を基盤にした最初のダムである。

インド中南部のハイデラバードには雨季がある。6月半ばに南西から雨季に入ると、10月1日頃までに約810mmの雨が降る（他の月はからからに乾燥している）。貴重な水は「タンク」（貯水池）に貯められ、それが人々と穀物のための1年分の水となる。ミア・アラム・ダムはそういった街のための水を供給し管理するために建設された。

ダムが立案された詳細は定かでない。18世紀

▲人工湖は計画に長い年月を要したが、建設には2年しかかからなかった。1806年6月に竣工し、非常に堅固なため1980年まで大幅な修理は不要だった。125年間ハイデラバードに飲料水を供給したのち、もっと大きなヒマヤス・サガー貯水池とオスマン・サガー貯水池にその役割を譲った。
Dome.mit.edu

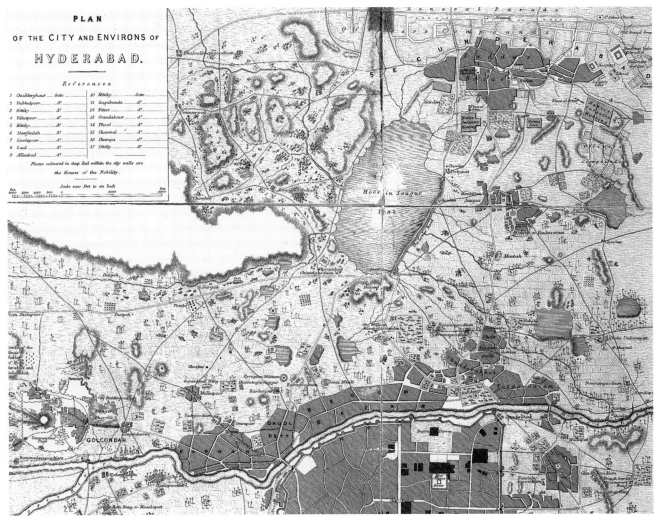

末、イギリスとフランスはインドの支配をめぐって争っていた。ダム事業はフランスが始めたようで、その後イギリスが引き継ぎ完成させた。ダムはハイデラバード近くのムシ川に建設された。資金はハイデラバードの君主から首相のミア・アラムに、ティプー（フランスが支援していたマイソール王国のスルタン）と戦った第4次マイソール戦争に勝利したことの報酬として支払われた。

ダムの原案は（ハイデラバード上水道課によると）フランス人技師ミシェル・ジョアキム・マリー・レイモン（1755〜1798）によって設計されたが、彼は工事が始まる数年前に亡くなった。イギリスが引き継ぎ、ハイデラバードに駐在する外交官の助手だったヘンリー・ラッセル（1783〜1852）がダムの監督を引き受けたため、一般的にダムの工夫に関しては彼に功績があるとされている。ミア・アラム閣下が1804年7月20日に礎石を据え、1808年までに建設は完了した。当時ダムの貯水量はハイデラバードの飲料用に1000万m³と見積もられていた。

マドラス技術団によって建設されたこのダムはユニークな設計で、水圧による反力を分散させることで持ちこたえている。つまりアーチ型にすることで建物に力と安定性が加わるのだ。その結果完成したのが、コンクリート製の全長915mの湾曲したダムだ。それが21の半円の直立したアーチ型止水壁で構成されている。アーチは上流に向かって湾曲しており、厚さはすべて同じだが、支点間の長さは42mから24mまでさまざまだ。ダムにかかる圧力の大部分はアーチに伝えられる。あふれた水は片方の端にある放水路から一部放出されるが、残りは頂部からあふれ出る。珍しいことに、モルタルも石造部分も損なわれておらず、基礎は頑丈なままだ。

120年後、アリゾナのクーリッジダムが同様の原理で建設されるまで、このダムの設計が模倣されることはなかった。

▲ミア・アラム貯水池の水は非常に甘いと言われていて、地元民はハイデラバードから出かける際、この水を携行した。貯水池は有名な観光地となり（今もそうだ）、観光客は旅のお供に水を持っていくよう勧められる。
Dome.mit.edu

オイスターマス鉄道

043

マンブルズ、ウェールズ｜1804年

産業鉄道や貨物鉄道からしばしの時を経て、
オイスターマス鉄道が有料で客を運ぶ世界初の鉄道となった。

19世紀が始まった時点で、軌道の誕生からすでに100年以上が経過していたが、建設された路線はもっぱら貨物用に設計されていた。変化が訪れたのは1807年。この年、オイスターマス鉄道が世界初の有料旅客輸送を開始し

た。この路線はもともと法令により、オイスターマス鉄道＆トラムロード会社として1804年6月に認可を受けたものである。法令には路線は「人、馬その他の動力」で動かされると記されていた。1806年に軌間が約122cmの路線（当初クライン・バ

▲オイスターマス鉄道を使った旅客輸送は1807年に始まったものの、新たに開通した有料道路を使用した馬車との競争に敗れ、1826年に一時中断となった。写真は1877年に標準軌への改造を機に再開された馬による輸送の様子。その後、蒸気と電気を動力とした輸送も行われた。
Barry Cross Collection/Online Transport Archive

山口雅也 製作総指揮
海外ミステリ叢書 奇想天外の本棚

**『そして誰もいなくなった』の先行作とも評される
クローズド・サークルの傑作登場！**

八人の訪問客 Q・パトリック
山口雅也 訳

高層ビルの最上階に閉じ込められた株主たち。そこで起こる連続殺人、犯人は八人の株主たちの一人なのか？（「八人の中の一人」）公表できない秘密を持つ男女に、ある富豪から届いた招待状。全員に共通する脅迫者を抹殺しようというものだったが……。二転三転する展開が、不気味で強烈なサスペンスを生み出す、Q・パトリックの真骨頂！（『八人の訪問客』）

四六判・2200円（税別）ISBN978-4-562-05687-3

アリバイ
原作アガサ・クリスティー／山口雅也訳

室内劇ならではの演出が新たな驚きを呼び起こす！ 四六判・1800円（税別）
ISBN978-4-562-05670-5

首のない女
クレイトン・ロースン／白須清美訳

奇術師探偵マーリニの魔術のごとき傑作長編が蘇る！ 四六判・2000円（税別）
ISBN978-4-562-05672-9

気候温暖化とその現状を明らかにし、緊急の対処を提言！

地図とデータで見る 気象の世界ハンドブック

フランソワ＝マリー・ブレオン、ジル・ルノー／鳥取絹子訳
進行中の気候変動の現状に照らしあわせ、地球を守るために実施されている率先的な行動と、これから挑戦すべき問題についてまとめたもの。120点以上の地図とグラフにより、気候の複雑さが理解でき、気候温暖化がつきつける問題と、その対処法が把握できる。 **A5判・2800円（税別）** ISBN978-4-562-05685-9

自然災害大国アメリカの防災アドバイザーがおくるあなたと家族を守るためのガイドブック

図解 異常気象のしくみと自然災害対策術

ゲリー・マッコール／内藤典子訳
予想不能のゲリラ豪雨、台風による冠水や暴風、落雷…異常気象のしくみと災害の発生をイラストでわかりやすく紹介そして身の回りのものを使ってあなたと家族を守るための一冊！

A5判・1800円（税別） ISBN978-4-562-05643-9

原書房

〒160-0022 東京都新宿区新宿 1-25-13
TEL 03-3354-0685 FAX 03-3354-0736
振替 00150-6-151594

新刊・近刊・重版案内

2019 年 9 月　表示価格は税別です。

www.harashobo.co.jp

当社最新情報はホームページからもご覧いただけます。
新刊案内をはじめ書評紹介、近刊情報など盛りだくさん。
ご購入もできます。ぜひ、お立ち寄り下さい。

「敗者」から見た歴史
……視点が変わると世界の歴史も変わる

敗者が変えた世界史 上・下

上　ハンニバルからクレオパトラ、ジャンヌ・ダルク
下　リー将軍、トロツキーからチェ・ゲバラ

ジャン＝クリストフ・ビュイッソン、エマニュエル・エシュト
上　神田順子、田辺希久子訳
下　清水珠代、村上尚子、濱田英作訳

古代から 20 世紀までの歴史のなかから、大志を抱きながら
も敗れ去った 13 人を選び、史実を探りつつ、味わい深い筆
致でこれら 13 人の運命を描いた。巧みな語りと、波瀾万丈
のドラマが一体となった 13 章は、権力、歴史、後世の評価
についての考察へと読者を誘う。**四六判・各 2000 円**（税別）

（上）ISBN978-4-562-05683-5　（下）ISBN978-4-562-05684-2

レーの炭鉱から石炭を、マンブルズから石灰岩を、スウォンジ運河へ運ぶために建設された）が開通した。

　路線の株主のひとり、ベンジャミン・フレンチは旅客営業の導入を提案し、1807年3月25日、貨車を転用して営業が開始された。スウォンジ湾のスウォンジの西にあるマンブルズは、スウォンジからの日帰り旅行者に人気の観光地となる可能性があり、フレンチは馬が引く旅客サービスの経営権に年20ポンドを支払う用意があった。しかし競合する有料道路が建設されたため、1826年までに旅客サービスは一時中断されることになる。しかし物語はこれで終わらなかった。

　1840年、初代委員長サー・ジョン・モリス（1775〜1855）の息子のひとり、ジョン・アルミニ・モリス（1812〜93）が廃線寸前の路線を弟のジョージ・ビング・モリス（1816〜99）に売却し、15年後、路線は標準軌に改造された。5年後、馬が引く旅客輸送が再開された。その後、馬車鉄道を1874年に導入したスウォンジ・インプルーブメンツ＆トラムウェイズ社との競争になり、1877年、オイスターマス鉄道は蒸気牽引を導入した。1879年、路線はスウォンジ＆マンブルズ鉄道会社と改名され、1929年3月に動力はさらに進化し、蒸気から電気へと変わった。イギリス諸島での運行用に製造された第一世代の路面電車を利用して、1954年にスウォンジ＆マンブルズは150周年を祝ったが、6年後、廃線となり、代わりにサウスウェールズ・トランスポートのディーゼルバスが走るようになった。

▲1954年、オイスターマス鉄道認可150周年と旅客輸送147周年を記念して、初期の馬車鉄道の客車のレプリカが製造された。1960年に廃線となるまで使用されていた大型の電車と一緒に写っている。レプリカは現在スウォンジで保存され、展示されている。
Barry Cross Collection/Online Transport Archive

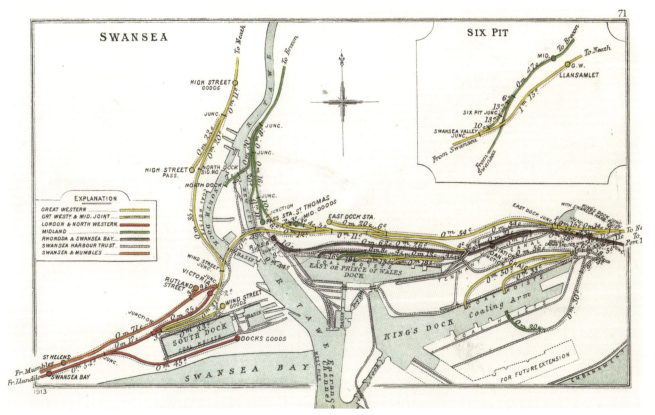

▲この鉄道情報センターの地図で、20世紀初頭にスウォンジを走っていた鉄道網の複雑な様子がよくわかる。オイスターマス鉄道（この頃にはスウォンジ＆マンブルズになっていた）も含めた路線の多くは、この地域の鉱物資源を開発し、石炭その他の原料を活況著しいスウォンジの波止場に運ぶために建設された。
via Peter Waller

ダンダスの水路橋

044

ジョン・レニー｜イングランド、サマセット｜1805年

イギリス初の水路橋ではないが、
おそらく産業革命が近代的な発想と
細部への芸術的なまなざしとを結合させた、
もっともすばらしい荘厳な道のひとつだろう。

このジョージ王朝時代のすばらしい水路橋によって、ケネット・エイヴォン運河はエイヴォン・ヴァレーを横切り、サマセットのモンクトン・クーム近くでエイヴォン川を越え、そこでサマセット石炭運河と合流する。バークシャー選出の国会議員チャールズ・ダンダス（1751～1832）がケネット川とエイヴォン川の連結は経済的に大きな意味があると主張し、資金調達も手助けした。これに敬意を表して、水道橋には彼の名がつ

▲水漏れが続いたおかげで、運河は1954年に閉鎖され、放棄され、1960年～1970年代には完全に干上がっていた。しかし組織的な運動や募金活動ののち、運河は修復され1984年に再開通した。今日では、イングランドの中心部を通る、長距離にわたるすばらしい歩道および乗馬道となっている。このエッチングはウィリアム・ウィリアムズ風に描いたジョン・シュリーの作品。

Wellcome Collection

◀ダンダス水路橋によってケネット・エイヴォン運河はエイヴォン川を越えることができる。1951年、運河建造物では初めて史跡として保存指定された。
Robert Powell/WikiCommons(CC BY-SA 3.0)

けられ、ダンダスはケネット＆エイヴォン運河会社の初代会長にもなった。

1788年、ケネット運河を西に延ばす計画が立てられた。技師のジョン・レニー（1761～1821）は、運河の本線とサマセット石炭運河の線も調査し、ダンダスのプロジェクトを監督することになった。建設作業は彼の監督下で1797年に始まり、主任技師はジョン・トマス（1752～1827）が務めた。工事は1805年までに完了している。水路橋建設には明確な目標があった。国内に張り巡らされた運河網を利用し、イングランドの産業の中心地に荷船（サマセットの北にあるポールトン炭鉱から西に向かう）で直接石炭を運べるようにしようというのだ。

地元産のバス石で建てられた水路橋は全長137mで、3つの粗面積みのアーチからなっている。両端は巨大なドーリス式の柱と手すりで装飾されている。両側にある長円型のサイドアーチはそれぞれ長さ6m、ずっと大きな中央の半円形のアーチは長さ20mである。上部の欄干は擁壁の上にバラスター［手すりを支える垂直の束材］がはめ込まれている。

水路橋の水はクラヴァートン・ポンプステーションとリンプニー・ストーク近くの水車場で汲み上げられた。ここにある幅7m、直径5mの水車は毎秒2tの水が流れるエイヴォン川の水で動き、それが今度はビーム機関のポンプを動かす。これもジョン・レニーが設計したもので、毎時45万Lの割合で15m上の運河に水を押し上げた。

長年役割を果たしたのち、水路橋は1954年に閉鎖された。広範囲にわたり水漏れや損傷が起きたからである。水路橋は放棄され、もっぱら遊歩道として使われるようになった。しかし1980年代には運河を復活させようという動きが高まり、水路橋の修復が行われるようになって、水路の裏打ちをし直したのち1984年に再開通した。現在、水は電気ポンプで供給されている。

▼水路橋は鉄道と交差しており、歩行者や自転車や運河ボートによく使われている。
Arpingstone/WikiCommons

雷管式点火装置

045

アレクサンダー・ジョン・フォーサイス｜スコットランド｜1807年

1807年まですべての銃器には、引き金を引いてから発射するまで時間がかかりすぎ、その結果、命中しにくくなるという難点があった。フォーサイスが雷管式点火装置を考案したことにより、問題は解決した。

アレクサンダー・ジョン・フォーサイス（1769～1843）はスコットランドの長老派教会の聖職者で、狩猟に熱中していた。彼は火打石式散弾銃の効率の悪さに不満を抱き、なんとかして改良しようと決心した。一番考えなければならないのは、発砲までの時間、つまり引き金を引いてから銃弾が実際に発射されるまでの時間を短くすることだった。タイムラグが長くなればなるほど、発射が不正確になり、食卓に載る食べ物が減るからだ。何度も実験を繰り返した結果、彼は「セントボトル（香水瓶）・ロック」と呼ばれる点火装置の設計に成功した。これは小さな容器に雷酸水銀という化学物質が入っていて、強打すると爆発する仕組みだ。約20発分の雷酸水銀を保持することが可能で、これで火打ち式発火装置に通常取りつけられていた火皿とフリズンという部品が不要になった。

できあがった銃が好評を博すと、フォーサイスはロンドン塔の兵器局長モイラ卿に説得され、軍隊向けに、兵器局で1年間さらなる銃の改良を進めることになった。不運にもモイラ卿が異動になると、新たな局長はフォーサイスにあっさり解雇を申し渡した。ナポレオン・ボナパルトが2万ポンド支払うので発明をフランスに持ち込むよう申し出たというが、フォーサイスは一夜のうちに金持ちになるチャンスを辞退し、イギリスにとどまることにした。イギリス軍とはうまくいかなかったものの、フォーサイスは1807年4月11日に特許を取得した。これにより、彼の雷管式点火装置の設計を他者は使用できなくなった。

フォーサイスはその後ロンドンのピカデリーで事業を立ち上げ繁盛させた。アレクサンダー・フォーサイス商会として銃器の製造と、旧式の火打石銃の雷管式への改造を行ったのである。彼は現行の設計に飽き足らずさらに改良を進め、1813年、セントボトルをスライド式のチューブに代えた。これは雷酸水銀を必要量火口の隣に送り込み、ハンマーで叩くとそこから雷酸水銀が放出される仕組みだ。

フォーサイスの設計は銃器の歴史における画期的な出来事であり、以後、火打石銃は時代遅れになった。今日の銃器はすべて銃用雷管を使用しているが、これは彼の設計から直接生まれたものである。

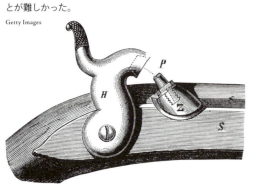

▼雷管式点火装置に関係する銃の重要部分。ハンマーHを掛金（ここでは見えない）で所定の位置に固定されるまで後方に引く。引き金を引くと、ハンマーが前に倒れて雷管Pを叩く。すると火Zが、薬室S内にある装薬に移り、弾丸が放たれる。1807年にこの仕組みが考案されるまで、すべての銃器は引き金を引いてから発射するまでタイムラグがあった。そのため戦場でも狩猟場でも正確に撃つことが難しかった。
Getty Images

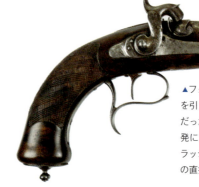

▲フォーサイスの発明以前には、銃はすべて引き金を引いてから発射するまで時間がかかり、非効率的だった。雷管の登場で状況は一変し、火打石銃が不発に終わる様子からできた「一時的な成功」（ア・フラッシュ・イン・ザ・パン）という言葉は、火打石銃との直接の関係を失った。

ガスの街路灯

フレデリック・ウィンザー｜イングランド、ロンドン｜1807年

街路灯が設置されるまで、ロンドンのような街を夜間歩き回るのは危険だった。
街路灯のおかげで日没後も安心して出かけられると人々が
実感したため、劇場やレストランその他の公共の娯楽の場が繁盛するようになった。

フレデリック・アルバート・ウィンザー（フリードリヒ・アルベルト・ヴィンツァー、1763〜1830）はドイツ人発明家で、ガス灯に関心を抱き、ロンドンに街灯を灯すことを夢見ていた。1803年、彼はストランド街の文化会館で開催された講演で、石炭を使ったガス灯の実演を行っている。その年、彼は発明の特許を取得し、ロンドン中心部のおしゃれなペル・メルにある2軒の家に引っ越し、そこでガスを使った数多くの実験を行った。

1806年、ウィンザーはガス照明のアイデアを説明する書類を英国学士院に送った。翌年、国王ジョージ3世の注意を引くには宣伝が必要だとさとったウィンザーは、ペル・メルからセントジェームズ・パークにかけて、カールトン・パレス・ガーデンの壁沿いに、王の誕生日を祝ってガス灯を設置し、メルにある自宅内の火炉で発生させたガスを引いて、明かりを点した。少しのちにはセントジェームズ通りからコックスパー通りまで、ペル・メルの片側に13の街灯柱を建て、舗道に埋め込んだ木製パイプを通して自宅からガスを送り込んでいる。ペル・メルはガス灯で照らされた世界初の通りとなり、これを見た人々から「非常にすばらしい輝き」と注目された。しかしガスが照らしてくれるのは街灯柱の周囲わずか数mで、街灯と街灯の間はまだ暗かった。

ウィンザーは全国的なガス会社を始めようとしたが、議会に却下された。彼は議員に効果を理解してもらうために、その後デモンストレーションを数回繰り返した。ウィンザーと支援者は待ち続け、ようやく1812年に議会が最終的に彼のガス灯・コーク会社（最初のガス会社である）に認可を与

▲トマス・ローランドソンによる「ペル・メルのガス灯をのぞき見」1809年。背景には摂政皇太子の家であるカールトン・ハウスが見える。絵はガス灯がロンドン市民に引き起こしたセンセーションを描写している。画面右奥の女性（娼婦）はそのように明るくなっては商売に差し支えると心配している。左側の男性は友人にガスがどのような働きをするのか、説明している。技術に懐疑的な人々も大勢いた。そのひとり、ハンフリー・デイヴィー卿は「ロンドンをガスで照らせるなら、月を少し引き下げてロンドンを照らすのも同じくらいたやすいだろうに」と言った。
WikiCommons

え、ホースフェリーロードのガス工場で製造した石炭ガス灯を使って、21年間ロンドン、ウェストミンスターとサザックの自治区にガスを供給できるようになった。

1813年12月31日、ウェストミンスター橋にガス灯が点った。街の照明が成功したので、他の多くの会社がガス管と街灯の設置の認可を得ようと争い、15年も経たないうちに、イギリスの大きな街のほとんどに明かりがついた。アメリカでは1816年に初めてバルティモアに街灯が点り、続いてフランスのパリでは1820年に街灯が点った。1823年までに4万基のガス灯がロンドンの通りを346kmにわたり照らした。

ポートランド展望台

047

レミュエル・ムーディ ｜ アメリカ、メイン州 ｜ 1807年

アメリカ最古の展望台のひとつ、ポートランド展望台は、
ユニークなデザインで設計・建設されている。
アメリカに唯一現存する歴史的な海事信号塔だ。

▲役目を終えてから約13年後の1936年に撮影したポートランド展望台。今日ではメイン州の主要観光地のひとつとなっており、毎年5月から10月にかけて数百人が訪れる。アメリカに現存する最後の海事信号塔である。
Library of Congress

19世紀の変わり目に、メイン州ポートランドはその深い港が重宝され、賑わっていた。しかし、入港する船はスプリングポイント岩礁を回ってくるまで港から見えない。船が見えたときにはもうほぼ桟橋に近づいているという状態だった。もと船乗りのレミュエル・ムーディ（1768～1846）は海抜68mのマンジョイ・ヒルに、連絡所および監視所になる高い塔を建設しようと思い立った。高性能の望遠鏡を使って到着する船を特定すれば、船主は積み荷の到着に向けて準備を進められるし、必要に応じて特別な便宜を図ることもできる。その代わり、船主には5ドルの年会費を払ってもらうというシステムだ。

ムーディが見張り台について提案すると、8人が事業に賛同してくれた。1807年3月20日、彼らは「マウントジョイズ・ネックの高台」に「海の見張り台」を建てる契約にサインした。建設費は2000ドル以内で収まる予定だった。ひと口20ドルで100口分の出資者（ひとり最大7口）を募集したところ、55人の出資者で100口を集めることができた。

建設は1807年に始まった。建具類と構造からわかることだが、塔の建設には船大工が重要な役割を果たした。一見灯台のようなこの塔は、7階

▲ポートランド展望台からの眺め。港を大きく見渡すことができ、遠くの低い島々や岬のせいで入港する船が地上からでは見えにくいのがわかる。
Brian Feathers/WikiCommons(CC BY-SA 3.0)

建てで高さ26m。風の影響を受けにくいよう、上に行くほど細くなる八角形のデザインだ。基部は直径9.8mだが、展望台の部分では直径4.6mになる。八角形の各角には、地元メイン州産の白松で船のマストのような頑丈な柱が立てられている。1階は頑丈な木材が格子状に組まれ、122tのばら石が詰められている（近くの野原から集めてきた）。嵐や強風の際にはこの石が塔を安定させてくれるわけだ。てっぺんの丸屋根（ランタン）にはP&Jドロンド社の無彩色の屈折望遠鏡が据えつけられ、これによって50km離れた船まで識別することができた。

船の到着を契約者に知らせるために、ムーディは旗竿に信号旗を掲げて合図した。旗は到着する船との交信にも使われた。ムーディは1807年から1846年まで自ら監視にあたった。

塔はポートランド港の効率を非常に高め、海事信号塔としてムーディ一族によって長く運営されていたが、1923年に送受信兼用の無線機が発明されると時代遅れになった。1812年の米英戦争の際、展望台は物見台として使われたが、その後、破損が進んだ。

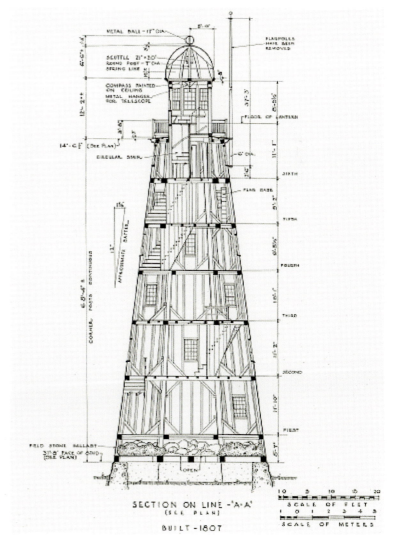

▶ポートランド展望台の立面図。凝った木造の建物は地元産の木材を使い、ほとんど船大工によって建てられた。
Library of Congress

ベル・ロック灯台

048

ジョン・レニー｜スコットランド、フォース湾｜1807～11年

ベル・ロック灯台はフォース湾とテイ湾に挟まれた北海沿岸の街ダンディの18km東に建っている。この灯台は、多くの船と何千人もの命を奪ってきた長く危険な岩礁への注意を喚起している。

▼巨匠J.M.W.ターナーの絵はベル・ロック灯台に不朽の名声を与え、灯台が耐えなければならない極度の風と波がどれほどのものかを大衆に知らしめた。また、帆をいっぱいに張った船が、灯台の光に導かれ岩礁から離れていく様子も描かれている。
Library of Congress

インチケープ岩礁とも呼ばれる赤い砂岩の岩礁は、フォース湾に入る航路と、ダンディとテイ川への進入路に約610mにわたり横たわっている。満潮時には平均3.7mの深さまで水につかり、干潮時にしか顔を出さない。よってこの灯台の建設は非常に難しく、天候と潮の具合に左右された。

最初の図面を引いたのは、北方灯台委員会の測量士ロバート・スティーブンソン（1772～1850）である。主任技師にはジョン・レニー（1761～1821）が任命され、スティーブンソンの手助けをした。実際にどちらがどの程度の仕事をしたかは、（と

くに双方の息子によって)論争の的となっている。1807年に始まった工事では、約110人の人間と1頭の馬(バッシーという名だった)が灯台の建設にあたった。

建材にはダンディとクレイグレイスに近いマイルンフィールドから切り出した砂岩と、ルビスロー、アバディーン、ケアンガル(ピーターヘッドの近く)から切り出したエジンバラの花崗岩が使用された。灯台は高さ35.3mで、基部は直径12.8m、頂部は直径4.6mある。使用された石は全部で約2835個に及んだ。下から10mは緊密につなぎ合わせた頑丈な石造建築で(その半分は満潮時には水没する)、1段目から26段目までは内側が砂岩、外側が花崗岩で覆われている。27段目から90段目は砂岩のみでできている。石積みの隙間に詰められているのはローマンセメントだ。上には6つの部屋がある。下から食料庫、灯室用倉庫、3人の灯台守の宿泊室、台所と食堂、客室、図書室である。灯室のてっぺんは鋳鉄で作られ、銅と真鍮の装具がつけられた。

最初の光学装置は、内側を銀メッキした直径63.5cmの放物面反射鏡24枚を使用した。これらは直方体型に並べられた。広い両側面それぞれに2枚、3枚、2枚と2列に並べて計14枚。残りの10枚は狭いほうの両側面それぞれに、2枚、1枚、2枚とやはり3列に並べた。こちらの反射鏡には赤いガラスの円盤がはめ込まれていた。反射鏡の中心には直径約2.5cmの円形の芯のついたアルガン・ランプ(54ページ参照)が置かれた。燃料は鯨油だ。反射鏡は全体がゼンマイ仕掛けで回転し、ゼンマイは塔に下げられた重いおもりで動いた。この装置は56km先からベル・ロック灯台だとわかる赤と白の独特な信号を送った。スコットランド初の回転灯台で、赤い光と白い光が交互に繰り返され、8分で360度回転する。光学装置は1820年代になって最新の1等フレネルレンズ(54ページ参照)とパラフィンバーナーに交換された。

灯台建設にかかった費用は、総額6万1331ポンド9シリング2ペンスだったという。

▶穏やかな日の干潮時には灯台(インチケープ灯台とも呼ばれる)の建つ岩礁が顔をのぞかせる。現在、海中に建つ灯台としては世界最古である。
Kognos/WikiCommons(CC BY-SA 4.0)

カーン・ヒル連続閘門

049

ジョン・レニー ｜ イングランド、ウィルトシャー ｜ 1810年

これらの閘門は、荷船が急勾配を
行き来するための独創的な解決策となった。

長さ140kmに及ぶケネット・エイヴォン運河で一番の難所は、ディバイジズにほど近いカーン・ヒルの急勾配である。そのため、この区間は建設が一番後回しにされた。運河の主任技師ジョン・レニー（1761〜1821）がとった解決策は、堂々たる16の連続閘門だった。イギリスで2番目に長い連続閘門だが、もっとも間隔が短くもっとも勾配が急（傾斜は1/30）で、船が通過する

▼この3kmにわたる区間で、閘門はとくに勾配の中心付近で必然的に間隔が狭まる。このことは併設する貯水池が、閘門を操作できるだけの水を貯められるくらい並外れて大きいということも意味する。
BazViv/WikiCommons(CC BY 3.0)

のに6時間かかる。

連続閘門があるのはレディングとバースの間の丘の側面に沿った3kmの区間だ。運河には全部で29の閘門があり、運河の水を72m上まで運ぶ。この区間で船を上げるには、閘門を一緒に閉じなければならないが、そうするとある問題が生じる。水量が不十分なせいで、あっという間に干上がってしまうのだ。また、閘門が空になると、下流で氾濫が起こりかねない。このふたつのジレンマを解決するために、レニーは運河の北側の閘門と閘門の間に各2833m^{2}の長い長方形の貯水池を掘ることにした。必要な際にはここから閘門システムに水を供給し、閘門が空になるときには水を回収できる仕組みだ。貯水池はほぼ厚さ1.2mの粘土で裏打ちされた。

閘室に使うレンガの材料は、運河の南に堆積した粘土層から掘られた。1829年から1843年の日没後には、荷船1艘につき1シリング、舟1艘につき6ペンスの追加料金を支払えば、連続閘門をガス灯で照らしてもらえた。

1810年の工事終了でケネット・エイヴォン運河の最後の区間が完成し、ロンドンとブリストルの重要な港と産業の中心地が結ばれることになった。しかし、運河が欠かせない連絡網として機能していたのはわずか40年ほどで、1851年にグレート・ウェスタン鉄道が開通するとその座を奪われた。

運河建設には1kmあたり1万ポンド以上が必要だったが、投資家の思惑通りに収益が上がるとは限らなかった。1815年の最盛期には、年に約15万1980tの荷を運んだが、1877年に初めて損失を出して以降、二度と利益がもたらされることはなかった。最後の荷は1900年、ロンドンからブリストルに運ばれた。運河は廃止され、閉鎖された。しかし数十年放棄され放置されたのち、大がかりな修復工事で閘門が修理され、1990年に再開通した。

▲ジョン・レニーはケネット・エイヴォン運河の140kmのコースを調査し、ニューベリー、トローブリッジ、ディバイジズを通る最後の区間のルートを決めた。ディバイジズとロウデの間に急勾配があるため、16という驚くべき数の閘門を設置してカーン・ヒルを一直線に上っていけるようにした。
Rwendland/WikiCommons(CC BY-SA 4.0)

ブリキ缶

050

ブライアン・ドンキン｜イングランド、ロンドン｜1811年

食品保存用にブリキ缶が開発されたおかげで、
旅行者、船乗り、探検家、その他さまざまな人々が、
自宅を離れていても健康的な食事を取れるようになった。
1813年、世界初の缶詰工場がロンドンのバーモンジーに誕生した。

▲ブライアン・ドンキンと彼の義兄弟は1813年に最初の缶詰工場を設立し、イギリス陸海軍に缶詰食品を納入した。しかし本当の意味でイギリス大衆の注意を引いたのは、北極探検に缶詰食品が携行されたことで、こちらのほうが宣伝効果は大きかった。
Getty Images

ナポレオン戦争が始まると、家から遠く離れて戦う兵士や水兵に適切な食事を取らせるにはどうすればよいのか、その方法を見つけることがますます重要になった。フランス政府は問題を解決した者に1万2000フランの賞金を出すと宣言した。1810年にこの賞金を勝ち取ったのがフランスの調理師ニコラ・アペール（1749〜1841）だ。彼は著書『保存の技術』のなかで肉と野菜の安全な保存法を説明している。コルク栓で密閉したガラス瓶に食品を入れたのち、湯に入れて煮沸し滅菌するのだ。彼は賞金を元手に、フランス兵のために食品を保存する瓶詰工場を立ち上げた。しかしこのシステムは完璧ではなかった。ガラス瓶は重いし、壊れやすいからだ。

もうひとりのフランス人、フィリップ・ド・ジラール（1775〜1845）は、鉄の缶を使った食品保存について研究していたが、革命期のフランスでは支援者を見つけられず、ロンドンを拠点とする代理人ピーター・デュランに連絡し、イングランドで特許を取得してもらった。デュランはこれを基に、腐食を防ぐために薄いスズで覆った鉄の缶で研究を進め、1810年に自分の特許を取得した。しかしその手順は非常に時間のかかるものだった。食品を缶に詰め、密閉し、冷水に入れたのち何時間も煮沸する。それから蓋をもう一度少し開けて、再度密封する。工場から出荷する前に缶は32〜43度の温度で保存された。

その後1811年に、イギリスの機械技師ブライアン・ドンキンがデュランの特許を1000ポンド

▲缶詰製造場。ドンキンの工場は作業工程を産業化した。初期の缶は現在のものよりずっと大きく、開けるにはハンマーとのみが必要だった。ウィリアム・パリーの探検の際に委託した缶詰は北極に置き去りにされたが、8年後の1833年にはジョン・ロス探検隊の隊員たちの命を救った。
Science Photo Library

で買い取り、さまざまな缶技術を実験し始めた。彼はジョン・ホール（彼の義理の兄弟）、ジョン・ギャンブルと提携し、1813年には食品缶詰製造会社（ドンキン、ホール＆ギャンブル）をロンドン南部のバーモンジーに設立している。最初の商品は1813年夏に製造された。缶詰の重さは2kgから10kgで、開けるにはハンマーとのみが必要だった。平均的な価格は1kgにつき4シリング9ペンス。一般庶民が買うには高価すぎた。

彼らの事業に関心を持ったケント公（のちのジョージ4世）の推薦で、缶詰製造は本格化した。北西航路の探索に出掛けたイギリスの探検家たちは彼らの肉の缶詰を携行している。ウィリアム・パリーも1820年代の北極への4度の航海に缶詰を携行した。イギリス海軍は1813年に70kgの缶詰食品を購入し、当初はそれを病気の水兵に食べさせた。まもなく、牛肉、羊肉、スープ、アメリカボウフウ、ニンジンなど、もっと多くの缶詰を注文するようになり、1821年には1年で4000kg以上の缶詰が注文されていた。

ドンキンは他の発明（おもに抄紙機）に専念するため会社を辞めたが、その後ホール＆ギャンブルは急速に缶詰商品の幅を広げた。

ナショナル道路

051

アメリカ｜1811年以降

ナショナル道路、つまり連邦政府が出資した最初の幹線道路は1811年から1837年にかけて建設され、広大な国土を持つアメリカで遠く離れた地域が結ばれるのを助けた。

新たな国が誕生した当初、国土が広大で迅速な意思疎通が図れないため、結束を強化したり目的を共有したりすることは、とくに西部の孤立した入植地との間では困難だった。トマス・ジェファーソン(1743〜1826)とジョージ・ワシントン(1732〜99)も、メリーランド州カンバーランドとオハイオ川の間を走る、アパラチア山脈を越える道路が必要だという考えで一致していた。最終的に1806年3月29日、議会が計画を認可し、ジェファーソン大統領はナショナル道路(当時はカンバーランド道路と呼ばれていた)を建設する法令に署名した。

▼ヴァージニア州ジョーンズヴィルの西32kmにある軟石でできた橋。J.K.ウォートン作。ナショナル道路は労働者や職人に道路工事の仕事を与えるだけでなく、道路沿いに宿屋や居酒屋や雑貨屋を開業させ繁盛させた。
New York Public Library Digital Collection

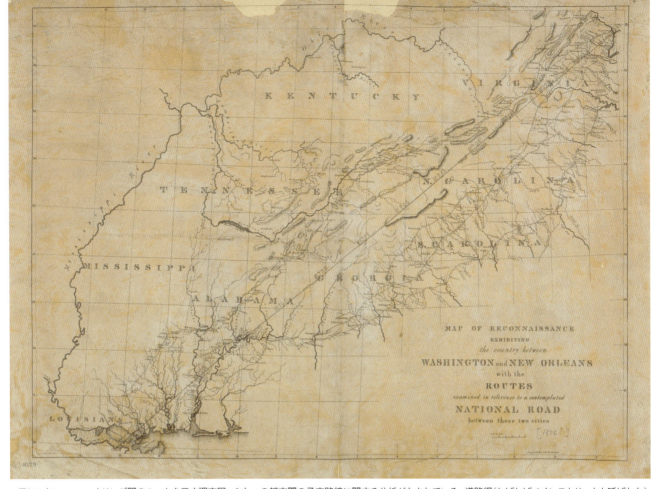

▲ワシントン・ニューオリンズ間のルートを示す調査図。ふたつの都市間の予定路線に関する分析がなされている。道路網（しばしばメインストリートと呼ばれた）は1811年から1834年にかけて建設され、アメリカ初の連邦政府が出資した道路となった。ポピュラーソングやエンタテインメントにも取り上げられて、人々が西に移住する一因にもなった。
New York Public Library Digital Collection

　最初の西へ延びる車道16kmの契約は1811年に調印され、この区間は1813年に完成した。7年後、道路はウェストヴァージニア州ホイーリングに到達し、そこで建設は一旦中断した。この道路は全長1319kmで、郵便馬車がそのルートを走り始めた。東へ向かう道路は、1824年にはボルチモアに到達した。

　数年後、道路建設は再開され、オハイオ中部とインディアナを通るルートで1830年代にイリノイ州ヴァンデーリアに到達した。この頃、ナショナル道路はアメリカ初のマカダム道路［砕石を敷き詰め圧し固めた舗装道路］となった。同時に、政府は道路に関するさまざまな責任を関係州に移管し、州は料金所と料金ゲートを設けて通行料を徴収するようになった。もっとも、道路修理の責任はそのまま連邦政府が負った。1837年の財政危機により、セントルイスまで道路を延ばす計画は中断し、建設は再び止まった。

　ルートの全域にわたり、小さな集落、商店、貸し馬車屋、宿屋、居酒屋（平均3kmに2軒はあった）ができた。一方、ペンシルヴェニア州のユニオンタウンやワシントン、ウェストヴァージニア州のホイーリングといった目的地となる街は、事業や商業の中心地となった。道路そのものはナショナル・パイクといった通称で呼ばれるようになり、とくにメインストリートという呼び名は大衆文化のなかでもおなじみになった。

　ナショナル道路は1820年代に繁栄し、1830年代末の経済的困難をなんとか切り抜け、1840年代に復興し、この時代、オハイオ川の渓谷に定住しようとする何千人もの人々を、駅馬車（1日に平均100km進んだ）や幌馬車で西へ運んだ。

　明るい色に塗られた大型の幌馬車は1日約25km、道路をがたがたと走り、砂糖やコーヒーやさまざまな必需品を開拓者に運び、開拓地の農場から農産物を積んで戻った。

　全盛期は1870年代に鉄道が登場するまで続いた。

▲トライデルフィアとウェスト・アレクサンダーの間にあるナショナル道路のマイル標。東はカンバーランド、西はホイーリングまでの距離を示している。

スタンレー・ミル

052

ジョセフ・ワーゼン｜イングランド、グロスターシャー｜1812〜14年

イングランド初の鉄骨建築ではないものの、
スタンレー・ミルはコッツウォルズの田園地帯にそびえる
5階建てのみごとな建築物である。この地域は織物製造で有名だった。

コッツウォルズは羊で知られる。羊毛産業は富を生み、この地域には裕福な羊毛商人たちによる「羊毛教会」が数多く建設された。グロスターシャー、ストラウドのはずれにある村、キングズ・スタンレーは、14世紀にフラマン人の職工や織物業者がやってきて利益を得ていた。18世紀には手機を持った大勢の職人がこの地で雇われた。

1811〜12年頃、ジョセフ・ワーゼンが古い工場（12世紀のものだという証拠がある）の跡地に新たな工場を建て始めた。鉄骨造りの耐火構造で（優美な柱とトラスは、ダドリーのベンジャミン・ギボンズが作った）、1813年に8655ポンドというかなりの額でジョージ・ハリスとドナルド・マクリーンに売却された際には、まだ工事が進行中だった。

新たな持ち主は多くの建て増し部分や追加の作業場を完成させ、印象的な建物群を作り上げていった。工場の主要部分となるL字型の区画は、

▼工場の金属の素材は、鉄製品の実用性とヴィクトリア時代の美意識に対する確かな目を結びつけ、歴史的にも視覚的にも重要な建物を造り上げている。
www.whateversleft.co.uk

◀当初工場は動力を5基の水車から得ていた。しかし水源の変動を予測するのは不可能なため、工場にはもっと安定した動力源が必要となった。そこでボールトン＆ワットの蒸気機関が導入された。
www.whateversleft.co.uk

　鉄骨と石とレンガで建てられ、各階の鋳鉄の柱がレンガのアーチ型天井を支えている。窓には鉄製の格子状の窓枠がはまっている。鋳鉄製の柱は特筆すべき品質の高さで、窓の上枠部分には動力つきのシャフトが備えられている。重い金属製の扉は耐火にひと役買っていて、建物は1884年の大火災を持ちこたえた。

　工場の動力は、当初工場の2haの池で回る5基の水車から得ていたが、1824年には40馬力のボールトン＆ワット社の蒸気機関（52ページ参照）も導入された。1834年の時点で5基の水車は落下距離5mで、200馬力に等しい動力を生み出していた。当時工場には800人から900人の従業員が雇われていたという。

　第二次世界大戦中は海軍本部がこの工場を使用したが、最終的に1989年12月に閉鎖された。保存状態はよく、開発の話も持ち上がっている。

パフィング・ビリー号

053

ウィリアム・ヘドリー｜イングランド、ダーラム｜1813～14年

パフィング・ビリー号は
効率的な推進手段である蒸気機関の開発に
きわめて重要な役割を果たした。
機関車は粘着走行だけでかなりの重さを
牽引できるという理論を定着させた。

1810年、ダーラム炭田でストライキが起こった際、当時ワイラム炭鉱の所有者だったクリストファー・ブラケット（1751～1829）は、機関車が粘着式［レールと車輪のみで走行する方法］だけで鉱石運搬用軌道を走行できるかどうかについて実験する機会を得た。以前にも蒸気機関を使用する試みはなされていたものの、成功には至っていなかった。それにもかかわらず、ナポレオン戦争による馬不足から、なんとかして蒸気機関を利用し

▶ウィリアム・ヘドリーが設計したパフィング・ビリー号。ワイラム炭鉱で軌道が改良されたため、1830年にもとの設計に戻された。現在はロンドン科学博物館で保管展示されている。

Getty Images

◀もとの設計のままのパフィング・ビリー号を横から見たところ。1813年のヘドリーの設計に従って同様の機関車が3両製造され、うち2両はノーサンバランドのワイラム炭鉱の鉄道で使用された。2番目の機関車(ワイラム・デイリー号)はパフィング・ビリー号に改良を加えたもので、エジンバラにあるスコットランドの国立博物館で保存されている。
Getty Images

ようという動きが再燃した。ミドルトン鉄道では、1811年にジョン・ブレンキンソップ(1783～1831)がラック&ピニオン式システムの特許を取得している。歯車のついた動輪を鋳鉄製レールに刻まれた歯とかみ合わせることで、粘着力を高めるシステムだ。

ブラケットは粘着走行だけで牽引が可能かどうかを確認したかった。まず歯車による伝導装置と駆動軸のついた手動式の貨車を試したところ成功し、最初の機関が組み立てられた。これはリチャード・トレビシック(1771～1833)がペニー・ダーレン鉄道のために設計したものを参考にしていたかもしれない。こちらは十分効率的に動かせるとは言い難かったが、蒸気機関車で粘着式走行ができる可能性があることははっきりした。

その結果3種類の機関車が造られた。最初に完成したのがパフィング・ビリー号である。1812年から1814年にかけて、ワイラム炭鉱の常駐技師ウィリアム・ヘドリー(1779～1843)、機関職人のジョナサン・フォスター(1775～1860)、鍛冶工のティモシー・ハックワース(1786～1850)によって組み立てられた。

この機関車には、ヘドリーが取得したさまざまな特許が盛り込まれていた。ボイラーの両側に1本ずつ、計2本の垂直シリンダーを備えており、動輪を(初めて)連結させたクランクシャフトをボイラーが動かすことで牽引力を高めた。しかし新たな機関車は軌道にとって重すぎた。そこで1815年、重量配分を見直し、車軸を4本にして造り直した。1830年以後は軌道が改良され、もとのままの重さでも支障がなくなったので、また車軸を2本に戻して再び組み立て直している。

ワイラム炭鉱の所有者によってロンドンの特許庁博物館(ロンドン科学博物館の前身で、のちに、この機関車を買い取ることになる)に貸し出されるまで、パフィング・ビリー号はワイラムで使用されていた。現在は南ケンジントンに展示されており、世界最古の現存する蒸気機関車となっている。

ワイラム鉄道のために造られたもう1両の機関車(ワイラム・デイリー号)も保存され、現在エジンバラにあるスコットランドの国立博物館に展示されている。この機関車がその後たどった経歴は興味深い。1822年に船の竜骨の上に載せられ、ストライキ破りを運ぶ小型外輪船の動力に使われたのだ。その後、機関車はワイラムでの炭鉱の仕事に戻った。

ヘドリーの業績が与えた影響は大きかった。ジョージ・スティーブンソン(1781～1848)も恩恵にあずかった人間のひとりである。この地で暮らしていた彼は、自分の先駆的な機関車を開発する際、ヘドリーの設計を参考にした。

デーヴィー灯

054

ハンフリー・デーヴィー｜イングランド、ヨークシャー｜1815年

可燃性ガスが発生するため、鉱業は危険性の高い産業だ。
安全な明かりができたおかげで、坑夫たちは地下でかなり安心して
働けるようになり、多くの命が救われた。

▲デーヴィー灯は炎が青くなることで有毒ガスの危険度を坑夫に警告した。しかしこの灯のおかげで坑夫たちが無頓着になり、以前なら立入禁止だった区域まで探査するようになったため、大量死につながることもあった。
Getty Images

鉱業は暗く汚く危険な仕事だが、産業革命で蒸気を利用した機械装置が開発されてからは、とくにイギリス最大の産業になっていた。地中奥深くで行われる採鉱は、当時もっとも肉体的危険の大きな仕事のひとつだった。デーヴィー灯の登場でその困難さが軽減されたわけではないものの、少なくともかなり安全にはなった。

炭鉱やスズ鉱には爆発性ガスや有毒ガス（ほとんどがメタンガス）が潜在する可能性が高い。1815年、ハンフリー・デーヴィー（1778～1820）は、そういった可燃性の大気の中でも使用できる安全な明かりを考案した。まずヘバーン炭鉱、その後1816年にダーラム州でも使われた。安全な明かりを発明したのはデーヴィーが最初ではない。ウィリアム・クラニー（1813）とジョージ・スティーブンソン（1815）も試作品を披露していたが、デーヴィー灯がもっとも効果が高かった。

デーヴィー灯はランプの芯の周りに炎を阻む金網が張ってある。編目は空気を通すには十分だが、炎が通過して大気中の可燃性ガスに着火するには細かすぎる。ランプはまた、ガスの存在を知らせることもできた。可燃性ガスが漂っていれば、ランプ内の炎が青色を帯びて高く燃え上がる。ランプには炎の高さを測る金属製のゲージがついているため、坑夫たちはそれを見て危険度を判断することができた。また、灯を地面近くに下げると、空気より重い二酸化炭素その他のガスが溜まっているのを感知できた。二酸化炭素が危険なレベルに近いと（窒息性ガスと呼ばれる）、ランプはひとりでに消える。そうなってもまだガスは致命的なレベルではないので、坑夫たちには窒息の危険から逃げ出す時間が十分にあった。しかしランプは絶対確実というわけではなかった。編目にほころびがあれば安全とはとても言えなくなるし、坑内は空気の流れが悪く換気も不十分なため、炎がガスを感知できない可能性もあった。

デーヴィーはその11月、ロンドンの英国学士院に、デーヴィー灯に関する論文を正式に提出した。この発明で彼は学士院のランフォード・メダルを受賞し、公募で集められた2000ポンドの賞金を獲得した。

もちろん、この発明によって鉱山での爆発を完全に防げたわけではない。実際、1835年に鉱山事故特別調査委員会は、デーヴィー灯で死者が増加したと報告している。安全上の理由から手つかずのままにされていた危険な坑道の探査を促したからだという。さらに、坑夫たちは自分の使う明かりは自分で調達しなければならず、デーヴィー灯の光は弱かったので、多くの坑夫たちがろうそくを選んだ。ろうそくの使用を禁じる鉱山は多かったが、強制は不可能だった。さらにろうそくとデーヴィー灯の併用を好む坑夫もいた。

◀ハンフリー・デーヴィー卿。ウェルカム・トラスト博物館所蔵。イギリスの指導的科学者のひとりとして1812年にナイトに叙せられ、（戦争中にもかかわらず）パリに招かれナポレオンからメダルを授与された。1820年から1827年まで王立協会会長を務めた。
Wellcome Collection p.99

最初のマカダム道路

ジョン・マカダム｜イングランド、ブリストル｜1816年

マカダムの考案した革新的な舗装材は、道路建設に
ローマ以来最大の進歩をもたらした。これにより、寿命の長い
平らな道路ができるだけでなく、道路建設の手順も簡単になった。

ジョン・ラウドン・マカダム（1756〜1836）はスコットランド、エアの貴族の家に生まれ、長じるにつれ道路（とくに道路建設の理論と実践）に関心を抱くようになった。彼はまず自分の領地に、アロウェイとメイボールを結ぶ直線道路を建設し、成功を収めた。1787年にはスコットランド低地地方のエアシャー有料道路の役員になり、その間に道路に対する関心はますます高まった。数年ブリストルで暮らしたのち、1816年1月、ブリストルの主任監督に選出され、有料道路トラストが建造する240kmの道路に関与することになった。彼はブリストル、アシュトン・ゲートのマーシュ・ロードを「マカダム舗装」することで、自分の理論を初めて試すことができた。

まもなくマカダムは34のさまざまな道路トラストの役員となり、道路建設技術に没頭した。議会に道路改良案を持ち込み、議会が道路調査をすべき根拠を3回にわたり提出した。彼が書いた2本の論文は大きな影響を及ぼした。「現在の道路建設システムに対する見解」（実践と経験から推論した観察、現行法の改正への見解、道路建設、補修、維持の方法における改良の紹介と、道路の悪用防止）。そして1819年の「科学的な補修と道路の維持についての実践的小論」である。

マカダムは道路が地面と水平になるように、ただし周囲の地面や側溝よりも高くなるよう指示した。幅は9mでへりから中央までゆるやかに7.6cm高くなっていなければならない。水が両側溝に流れやすくなるようにだ。一番下の20.3cmの層は7.6cm以下の砕石で構成され、その上に1.9cm以下の石からなる層が5cmの厚さで重なる。浸透性の素材は使わない。労働者たちは腰を下ろし、小さなハンマーを使って石を170g以下の大きさに砕く。監督は定規で計測し、石をチェックした。石の大きさは重要で、表面の石は一般的な馬車の車輪の幅よりも小さい。石は注意深く、均等に道路表面に敷き詰めなければならない。一度にシャベル一杯分ずつ入れ、角ばった砕石の硬い層にした。表面の結合は考慮しなくてよい。乗り物が行き来することで表面が圧し固められるからだ。

マカダムの道路は速く経済的に建設できるため、またたく間に人気を博した。彼のアイデアはあっという間に広まり、道路を使っての移動がずっと速く、スムーズかつ一般的になった。

道路の的確な管理と定期補修に関するマカダムの主張も、大きな影響を与えた。彼は道路に関して、賄賂に影響されず、道路に責任を持ち、釈明義務を負う、有給の専門職員からなる中央機関の誕生を望んだ。マカダムにちなんで名づけられた舗装材、タールマック（タールマカダム）は、ウェールズの技師で発明家のエドガー・パーネル・フーリー（1860〜1942）が1902年に特許を取得した。

◀ジョン・マカダムの肖像。路面を改良するだけでなく、有料道路の通行料にかかわる汚職も暴露した。
Hulton Archive/Getty Images

フライス盤

イーライ・ホイットニー ｜ アメリカ、ニューヘヴン ｜ 1818年頃

さまざまな工作物の製造工程に不可欠な
フライス盤が発明されなければ、
私たちが知っているような産業革命は
起こり得なかっただろう。

フライス盤が出現するまで、金属製工作物の切削は、のこぎりかやすりを使って手で行うか、あるいは旋盤で行うしかなかった。「回転やすり」と呼ばれるものは、基本的に回転する刃を旋盤に組み込み、それから工作物（加工中の製品）を刃にあてゆっくりと動かし切削していく仕組みだった。

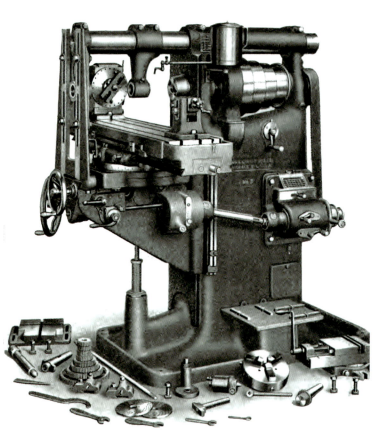

▲横フライス盤は1818年頃発明されたが、今日使用されている進歩したシステムと、概念的にはほとんど変わらない。突然可能になった機械切削作業は、ほとんどの産業品目の製造法を根底から変え、コストを削減し生産を増大させた。写真は19世紀末のフライス盤。
From Practical treatise on milling and milling machines via WikiCommons

フライス盤の重要性は、手や旋盤では難しい、あるいは不可能な機械作業を引き受けられる点にある。もっとも単純な形態では、回転する刃が水平あるいは鉛直に取りつけられている。機械にかける工作物は可動式のテーブルに固定され、ゆっくり切削されていく。工作物、必要な切削の深さなどによって、加工中の製品は何度も行き来し、刃が通過するごとに切削されていく。初期のフライス盤では、フライス加工は手作業から完全に切り替わるのではなく、手でのやすり仕上げの手間を減らすための荒削りの作業とみなされていた。しかしのちの改良版では、手仕上げのまったく必要ない正確な作業ができるようになった。

ひとたび広く使われるようになると、フライス盤はほとんどの工業工程で重要な役割を担うようになり、フライス盤を利用しなければいかなる製造業も成り立たなくなった。今日ではずっと複雑化し、信じられないほど進歩したコンピューター搭載のコントロールシステムも多いが、基本的な部分は最初に発明されたときから変わっていない。

フライス盤の栄えある開発者としてよく名前が挙がるのは、イーライ・ホイットニー（1765〜1825）だ。彼は1818年頃に自作のフライス盤を発表しているが、ほかにも多くの人々が同時期に同様の設計に取り組んでいた。綿繰り機（62ページ参照）の発明で有名なホイットニーは才能ある発明家で、銃器の設計にも取り組んでいた。初期のフライス盤のおもな開発の中心が個人の事業所だけでなく、軍事産業内、とくにスプリングフィールドとハーパーズフェリーのふたつの連邦政府の兵器庫にあったのは偶然の一致ではない。

▼イーライ・ホイットニー兵器工場はフライス盤の発明を導いた場所である。長年フライス盤発明の功績はイーライ・ホイットニーにあると考えられてきたが、マサチューセッツ州スプリングフィールド、あるいはウェストヴァージニア州ハーパーズフェリーで発明がなされた可能性が高い。
Library of Congress

ヘットン炭鉱鉄道

057

イングランド、ダーラム州｜1822年

蒸気機関、定置機関、インクラインを使用したことで、ヘットン鉱山鉄道はいかなる動物の動力も必要としない世界初の鉄道となった。

19世紀が始まる頃には、鉱山からノーサンバランドやダーラムの波止場に石炭を輸送するための馬車軌道建設はすっかり定着していた。一方、個々の地主たちは、北東の大炭田についての情報を知るにつけ、自分たちの土地の鉱山を発展させたいと考えるようになった。ヘットン石炭会社はトマス・ライアンとその息子ジョンの所有するホートン゠ル゠スプリングの南にある土地から石炭を採掘するために、1819年に設立された。彼らは石炭の運搬用に、長さ13kmのヘットン炭鉱鉄道を建設することに決めた。設計を担当したのは、他の馬車鉄道敷設で名高いジョージ・スティーブンソン（1781～1848）である。定置機関と自動式インクラインと蒸気機関車を組み合わせたこの路線は、いかなる動物の力も使わないで動く最初の路線であるとともに、スティーブンソンにとっても初の完全に新しい路線となった。

路線の常駐技師はジョージ・スティーブンソンの弟、ロバート（1788～1837）が務めた。彼は工事を監督し、1821年3月に最初の新軌道を敷いた。路線が正式に開通したのは1822年11月18日のことである。動物の力を借りなくてもよいように、ふたつの定置機関の力で貨車はワーデン・ロー・ヒルを越えた。一方、貨車が下降する力を利用して空車を引き上げる、5基の自動式インクラインも完成した。さらに、ジョージ・スティーブンソンは5両の蒸気機関車を導入した。これは鎖で連結された車輪配置0-4-0の機関車で、オリジナルの設計にバネを使った改良が加えられ、機関車を振動させ鋳鉄の軌道を損傷する原因になっていた垂直シリンダーの動きを相殺することができた。ウィア川に面した路線の終点には、石炭を直接船に積み込むための突堤が完成した。

当初の路線は完全に成功したわけではなく、ロバート・スティーブンソンは1823年に解任された。技師たちはその後ワーデン・ロー・ヒルに3基目の定置機関を導入するなど、数々の改良を行った。路線は1959年9月12日に閉鎖されたが、その時点でイギリス最古の鉱山鉄道だった。

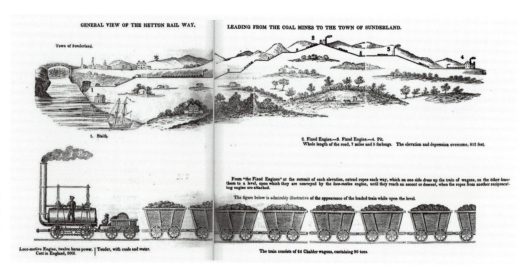

▶1826年のアメリカン・ファーマー誌にウィリアム・ストリックランドが掲載した記事。ヘットン炭鉱の典型的な列車と、路線の技師ロバート・スティーブンソンが建設したルートについての解説が記されている。
via Peter Waller

アーロン・マンビー号

チャールズ・ネイピア ｜ イングランド、バーミンガム ｜ 1822年

考案した技師にちなんで命名されたアーロン・マンビー号は、
初めて海に出た鉄の蒸気船であるとともに、蒸気動力でロンドンから
パリに直行した初めての船でもあり、航海の未来の先触れとなった。

のちに海軍提督となるチャールズ・ネイピア大佐（1786〜1860）は、洞察力に満ちたスコットランド人海軍将校で、鉄製軍艦の建造を夢見ていた。その前段階として、彼はセーヌ川で蒸気船の船団を航行させようと考えた。準備が整い資金調達にも成功した彼は、先駆的なスタッフォードシャーの技師アーロン・マンビー（1776〜1850）とその息子チャールズ（1804〜84）を助手に採用した。彼らは一緒に組み立て式の鉄の蒸気船の設計に取り掛かった。部品はマンビーのホースリー製鉄所で作られ、それから組み立てのためにテムズ河岸のロザーハイズの作業場に船で運ばれた。「ノックダウン方式」で造られた最初の蒸気船である。

アーロン・マンビー号は全長36.6mの平底船で、厚さ6.35mmの鉄板を角鉄製のリブに固定して造られていた。木製のデッキ、バウスプリット［船首から前方へ延びる棒］、高さ14.3mの特徴的な煙突を備え、アーロン・マンビーが1821年に特許を取得した首振り機関を動力としていた。これは彼が海で使用するために特別に設計した蒸気機関である。これが直径3.7mのふたつの外輪を動かした。外輪の幅が0.7mしかないのは、セーヌ川を航行できる限度の7m以内に船幅を抑えるためだ。最高速度は9ノットで、同時代の蒸気船よりも喫水が0.3m浅かった。積載量は116t。悲観的な人間はこの船が沈むと予想していた。

1822年4月30日にテムズ川で試験航行が終了してひと月を少し過ぎた6月10日、アーロン・マンビー号はイギリス海峡を横断した。チャールズ・ネイピア大佐が舵を取り、船舶技師としてチャールズ・マンビーが同乗し、数人の乗客と亜麻仁と鋳鉄品の荷を載せて、平均速度8ノットでルアーブルに到着したのである。船はそれからセーヌ川を上り、到着したパリでセンセーションを巻き起こした。船は数回海峡を往復し、それからセーヌ川の遊覧航行に使用された。

ネイピアは同様の鉄製蒸気船5隻に出資したが、事業は失敗し、1827年に破産宣告を受けた。アーロン・マンビー号はフランスの共同企業体「鉄の蒸気船会社」に売却された。船はナントを本拠地として、1855年に役目を終え解体されるまでロワール川を航行した。

アーロン・マンビー号の船体に木材ではなく鉄板を使用したことは、船の建造に革命をもたらした。アーロン・マンビー号は、イギリス海軍初の鉄製フリゲート艦ウォリアー号（ネイピアが亡くなった1860年に建造された）の直接の先祖にあたる。

▼アーロン・マンビー号はイギリス海峡を横断した最初の鉄製蒸気船で、1822年にルアーブルに到着した。
WikiCommons

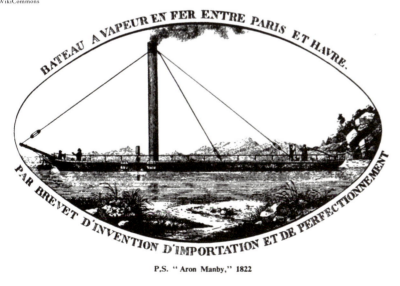

P.S. "Aron Manby," 1822

階差機関

059

チャールズ・バベッジ｜イングランド、ロンドン｜1822年

先行するものはさまざまにあったものの、階差機関は
すべての近代的なコンピューターがかかわる基本原則を確立した。
ゆえに人間の歴史の記録のなかで
この機関が占める重要性には疑問の余地がない。

最初の機械式計算機がいつ組み立てられたかは不明だが、青銅製の航行用計算機が前2世紀の難破船の残骸から発見されているので、人間の歴史の早い時期にあったのは間違いない。もっと最近の例では17世紀と18世紀にアイデアが提示されたものの、実現には結びつかなかった。

その後近代的な計算機への最初の現実的な一歩が踏み出されたのは、チャールズ・バベッジ（1791〜1871）がいわゆる階差機関の発明を宣言したときのことだ。1822年6月14日、彼は「天文歴と数表の計算への機械の適用に関する覚書」というタイトルで、王立天文学会に論文を提出している。これは人間がやると長く退屈で間違えやすい多項式の数表を作成するよう設計された自動の機械計算器について概説したものだ。

このような機械は対数や三角法の計算といったさまざまな複雑な数学関数に対処でき、技師や科学者や航海士には非常に役立つ。しかし、彼の手回し式の試作品は基本的な原理しか示すことができなかった。完全な機械を造り上げるには、多くの調査と開発が必要だったのである。彼は機械を完成させるためにイギリス政府（より確かな航行用の表を得ることに大きな関心を抱いていた）から資金提供を受けた。しかしまもなくバベッジは、必要不可欠な精密部品を造るのが当時の工学技術では不可能であることに気づく。彼は1832年に小型の試作機をなんとか製作したが、大型の機械に関する作業は翌年に持ち越された。政府は最終的に見切りをつけ、1842年にプロジェクトを停止した。それまでに政府が提供した資金は1万7000ポンドにまでふくらんでいたのだ。

バベッジはさらに進歩した解析機関と呼ばれる機械の設計を続けた。これにより最初の階差機関は時代遅れになったが、彼は1849年には31桁で7次の階差を処理できる階差機関2号機を考案していた。これは非常に汎用性が高いだけでなく、計算速度も速い。バベッジにとっては残念なことに、彼が改良した機械はドイツで造られた機械に比べると見劣りがし、歴史から姿を消した。

▶チャールズ・バベッジの肖像。1871年10月18日に亡くなってからしばらくたった11月4日にイラストレイテッド・ロンドン・ニューズに掲載されたもの。
WikiCommons

▶チャールズ・バベッジが残した階差機関1号機。ロンドン科学博物館に展示されている。
Science Photo Library T404/0066

059 | 階差機関

ロバーツ織機

060

リチャード・ロバーツ｜イングランド、マンチェスター｜1822年

ロバーツの鋳鉄製の力織機は織物業に革命をもたらした。これによって初めて織物の大量生産が確実になったからだ。蒸気機関からベルトで動力を伝えるこの織機には、調整や運転を簡単にする多くの新しいメカニズムが盛り込まれた。その結果、この織機はまもなくイギリスの綿工業の主力となった。

最初の力織機は、エドモンド・カートライト（1743〜1823）によって1785年に発明された（55ページ参照）が、それは完璧とは程遠かった。一番の難点は空気中の湿気の変化で木製のフレームがたわむことで、繊維の安定に関するさまざまな問題、とくに糸の張りについての問題が生じた。糸がたるみすぎると、機械に巻き込まれる危険がある。逆に糸が張りすぎていると、今度は切れてしまう。リチャード・ロバーツ（1789〜1864）は1822年に鋳鉄フレームを使用した動力織機で特許を取得し、こういったフレームがらみの問題を克服した。彼は繊維工業向けの精密な工具を作ることに取り組んだ技師である。ゆえに、しっかりした解決策を練るのに必要な専門知識を持っていた。

ロバーツの新しい機械はフレームが鋳鉄製であるだけでなく、他にも数多くの新機軸が盛り込まれていた。調整がより簡単になり、信頼性も高くなることを意図した工夫である。製品ができていくにつれ縦糸巻きの直径が減少していくことによって生じる縦糸の張りの変化に自動的に対処する機能もそのひとつだ。また、小歯車を作動させる爪車を通って布が織機から出てくる際に布の張りを正す機能も加えられた。織機そのものの特徴としては、蒸気で動力を得ている一連の駆動ベルトの振動を弱めるために、メインシャフトに重いはずみ車がついていた。機械を間違いなく簡単に運転できるようにする同様のメカニズムはほかにもいくつかあった。使いやすさが功を奏し、ロバーツ織機はランカシャーの紡織工場に広く受け入れられた。

この地域全域に多数の機械が導入されたことで、綿織物の製造は大きく変わった。しかし織物の生産能力が増大した結果、またもや適当な織機用糸が不足することになった。

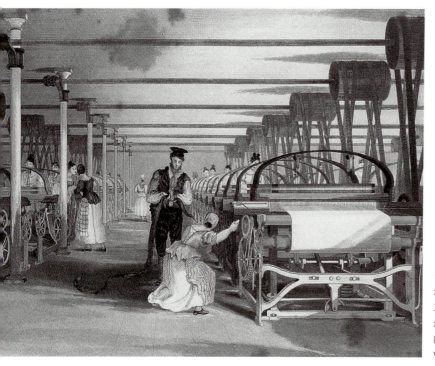

◀繊維工場の織物部門。描かれているのはリチャード・ロバーツが開発したような鋳鉄製フレームの力織機である。こういった工場で必要とされる湿度の高い空気（空気が乾燥しすぎると糸が切れる）でも安定していて、木製フレームによく見られ経済的にも非効率なたわみの危険を最小限にとどめた。
Wellcome Collection

ポルトランドセメント

061

ジョセフ・アスプディン｜イングランド、ヨークシャー｜1824年

この速く固まるセメント(コンクリートの原料)は、建築業に大規模に取り上げられ、創造力に富んだ新しい建築プロジェクトに広く使用された。

ジョセフ・アスプディン(1778〜1855)はレンガ職人兼大工だった。台所で建築材料の実験をしていた彼は、粘土と石灰石を非常に高温まで熱してから冷やし、できあがったものを粉にして水と混ぜると、とくに丈夫なセメントができることを発見した。

1824年10月、彼は「人工石製造法の改良」で特許を取得した。この発明品を彼はポルトランドセメントと呼びたがった。「最高級のポルトランド石に似ていた」からである。ポルトランド石とはドーセット産の魚卵状石灰岩で、当時もっとも高級な建築用石材だった。ポルトランドセメントの材料となるのは、有料道路の舗装や街の舗道に使われるペニン山脈の石炭紀の石灰石だ。アスプディンは当初、道路の修理に使われた石から取った削りくずを利用していた。実際、彼はリーズ周辺で道路から舗道のブロックをはがしたとして2度起訴されている。

アスプディンはセメントが速く固まり強度が強くなりすぎないように調合を工夫した。成形品のモールディングやコーニスや天井の細部の飾りしっくいに使用するのに最適になるようにだ。彼のセメントは非常に純度の高い石灰石を2回焼くことによって作られた。まず石灰石だけを焼いて石灰を作る。それからできあがった石灰に粘土を混ぜて消和し、乾燥させて粉砕する。それからもう一度立窯で炭酸が完全に取り除かれるまで焼く。できあがった焼成物はそれから粉状にされる。正確な配合は極秘で厳重に守られた。

ポルトランドセメントは特許取得後、イングランドとヨーロッパで製造されたが、普通のセメントよりも製造に時間がかかり、価格も高かったので、あまり浸透しなかった。

1825年、アスプディンはリーズ出身の知人ウィリアム・ビヴァリーと手を組み、ウェイクフィールドのカークゲイトに製造工場を建てた。同時期、石灰の製造法で2番目の特許も取得している。末息子ウィリアムも代理人として事業に参加したが、親子は1841年に喧嘩別れした。

ウィリアムは石灰石の量を増やす製法を考案し、もっと高い熱で焼いた(燃料も増えた)。それから以前は捨てていたクリンカー[製造過程で出る中間製品]をすりつぶし、すべてを混ぜた。2年後、彼は柔らかいチョークを豊富に産出するケント州ノースフリートに自分のセメント工場を建設し、強度の高い「近代的な」ポルトランドセメントを製造した。ウィリアムはイザムバード・キングダム・ブルネルとその父がテムズトンネル(108ページ参照)を建設した際、ブルネルに協力した。ブルネルはこの「近代的な」ポルトランドセメントを、初めて大規模に使用した。トンネルは1843年に開通し、称賛された。

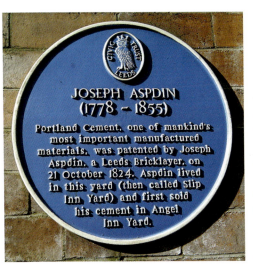

◀ポルトランドセメントを発明したジョセフ・アスプディンのリーズ、エンジェル・イン・ヤードの家にはめ込まれた青い銘板。彼の特許には「建物や水道設備や貯水槽にしっくい仕上げをするためのセメントもしくは人工石で……それをポルトランドセメントと呼ぶ」と記されている。

Ben Dalton/WikiCommons(CC BY 2.0)

テムズトンネル

062

マーク・ブルネル｜イングランド、ロンドン｜1825〜43年

テムズ川の下にトンネルを掘ろうというマーク・ブルネルのプロジェクトによって、水底トンネルを建設するにはシールド工法が有効であることが初めて実証された。

18世紀後半、運河網の発展に伴い多くのトンネルが建設された。たとえば12年におよぶ難工事の末1805年に開通した、グランド・ユニオン運河のブリスワーストンネルはその一例だ。しかし、こういったトンネルはすべて地上に建設されたものである。才能豊かなマーク・イザムバード・ブルネル(1769〜1849)と彼の息子イザムバード・キングダム・ブルネル(1806〜59)は、水が流入する恐怖と戦いながら水底トンネル建造の先駆者となった。トンネル(完成後ほぼ175年経過している)は今もテムズ川の南北岸を結ぶ重要な役割を果たしている。

ロンドンブリッジから下流でテムズ川を横断するルートが不可欠なのは長く認識されていた。しかし橋を架けるわけにはいかない。ロンドンに出入りする船の航行を妨げるからである。マーク・ブルネルが関与する以前、リチャード・トレビシック(70ページ参照)も計画に参加したが、それは失敗に終わっていた。ブルネルは最初からトンネルの掘削を考えていた。実際、彼はサンクトペテルブルクで同様の計画を提案していた。しかし彼が理論を実行に移したのはロンドンだった。彼と機知に富んだ第10代ダンドナルド伯爵トマス・コクラン(1775〜1860)は、1816年1月にトンネル掘削シールドの特許を取得した。*Teredo navalis*(フナクイムシ)の貝殻からヒントを得たと言われるトンネル掘削シールドの概念は、今もすべての主なトンネルプロジェクトに使われている。英仏海峡トンネルや新しいロンドンのクロスレールのトンネルはその一例である。

ウェリントン公など多くの著名人の支援を得て、1824年にテムズトンネル会社が設立され、翌年工事が始まった。トンネル掘削シールドはヘンリー・モーズリー(1771〜1831)のランベスの工場(67ページ参照)で組み立てられ、一連の不運な出来事はあったものの、1825年11月にロザーハイズに据えられた。掘削は1825年11月に始まっている。しかしトンネル工事は2度、水の流入に襲われた。最初は1827年5月、2度目は1828年1月である。このときには6人の作業員が命を落とした。水の流入によりすべての作業がストップし、

▼フランス生まれのマーク・イザムバード・ブルネルは、息子のほうが有名であるため影が薄い感もあるが、トンネル掘削シールドの開発とテムズトンネル建設という業績によって、長期にわたりより大きな影響を与えた。
Getty Images

◀テムズトンネルは20年近い工期を経て1843年3月に開通した。開通から170年以上経過し、現在は鉄道用トンネルとして使われている。
Getty Images

ようやく1835年8月に工事は再開した。このとき1825年に導入された古いシールドが、改良された新たなシールドに交換されている。さらに4回の浸水、火災、メタンその他のガスの問題で工事は遅れたが、1840年11月に終了し、トンネルは最終的に1843年3月25日に開通した。完成したトンネルは全長396m、幅11m、高さ6mで、満潮時の川の水面から23m下を通っている。

　技術面では偉業を成し遂げたものの、トンネルは財務的には大失敗だった。建設にかかった費用は63万4000ポンドで、予算をはるかに超えていた。そして歩行者だけでなく乗り物も通れるようにしようという計画は、一向に進展しなかった。1865年、トンネルはイースト・ロンドン鉄道に買収され、鉄道用トンネルに切り替えられた。最初の列車が通過したのは1869年12月7日で、ロンドン地下鉄のイースト・ロンドン線として長年使われたのち、2007年から2010年にかけての工事の間に新たなロンドン・オーバーグラウンドの一部となった。

電磁石

063

ウィリアム・スタージャン｜カナダ、ニューファンドランド｜1825年

電磁石は一見単純な装置だが、電信から今日の洗濯機に至るまで、
多種多様なテクノロジーに非常に大きな影響を及ぼしてきた。

▲イギリスの物理学者兼発明家、ウィリアム・スタージャンの肖像。電磁石の発明がもっとも有名な業績だが、電動機の組み立てと改良も行った。
Science Photo Library

デンマークの物理学者ハンス・クリスティアン・エルステッド（1777〜1851）は、1820年、電気に関する講義中に行った観察で初めて電磁気を発見した。一方、電気技師ウィリアム・スタージャン（1783〜1850）は、ニューファンドランドで軍務に就いている際に見た雷に魅了されていた。まもなくエルステッドの発見について知ったスタージャンは、その現象に非常に魅力を感じ、一連の実験を開始し、1825年、電磁石の発明を発表した。これは蹄鉄形をした鉄に針金を巻きつけたおおざっぱな装置だ。コイルに電気を流すと鉄が磁気を帯び、電流を切ると磁気も消える。彼は適切に電磁気を帯びさせれば、わずか198gの鉄片で4kgの重さのものを持ち上げられることを実証した。

スタージャンの発明のさらなる特徴は、電流の量を変えれば電磁石の力を簡単にコントロールできる点だった。電流が多くなればなるほど、生み出される磁力も大きくなるのだ。彼は実験を続け、1832年、整流子［回転子と外部回路の間で定期的に電流の方向を交替させる回転電気スイッチ］を発明した。これはほとんどの電動機の端に見られる装置だ。一番簡単な形態はふたつのカーボンのブラシ［電動機の回転子に接触している部品］で、電気がコイルに送り込まれると電磁気によってコイルが回転し、モーターが動く。

アメリカの発明家ジョセフ・ヘンリーはスタージャンの業績に改良を加え、さらに強力な電磁石を造り上げた。彼は電流を流せばその電磁石を長い距離でも制御できるということを示した。これが電信の基盤となり、近代的な通信の誕生へとつながった。

スタージャンは大きな称賛を勝ち得、講師として非常に尊敬され、さらに重要な発明を数多く行った。残念ながら、大いに努力しすばらしい発明を成し遂げたにもかかわらず、あまり金を稼ぐことはできなかった。彼は1850年12月4日にマンチェスターで極貧のうちに亡くなった。

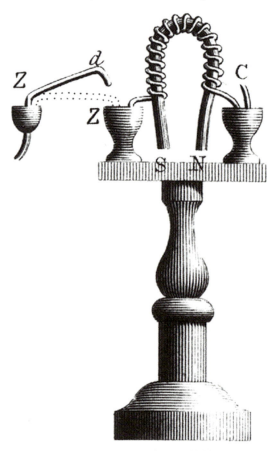

▲ウィリアム・スタージャンが1824年に王立技芸協会に提出した論文の図解。新たに発明した電磁石の重要部分が示されている。18回巻いた裸の銅線を電流が流れる仕組みだ。図のエッグカップ型の容器には水銀が入っている。初期にはこうして電気接点が作られていた。左側のアームはスイッチの役割を果たした。
WikiCommons

自動ミュール

リチャード・ロバーツ｜イングランド、ロンドン｜1825年

18世紀末から19世紀初頭にかけて製織技術が進歩したことで、
糸に対する果てしない需要が生まれた。何人かの発明家が
糸を供給するための解決策を考案し、熟練した監督が常時ついていなくても
綿糸の紡績が可能になった。しかし商業環境において
実用的であることを証明したのは、ロバーツの自動ミュールだけだ。

リチャード・ロバーツ（1789～1864）は力織機（106ページ参照）の発明後まもなく、糸の供給が増えなければ新たな織機も売れないと悟った。そこで彼らしい綿密なやり方で「自動」ミュールを発明し、紡績能力の不足に対処しようとした。これは今日のいわゆる「オートマチック」で、操作者は最小限の見守りをするだけで済んだ。

彼が発明したミュールには、自動化するための新しい特徴が数多く盛り込まれていた。各紡錘の逆進装置、糸が間違いなく進むようにするガイド、紡錘の直径の変化に応じて紡錘の回転速度も変える仕掛けなどだ。これらは「シェイパー」と呼ばれる装置につながる一連のレバーとカムで制御された。紡錘の回転速度はおもりのついたロープを備えたドラムによって調節された。これはミュールのメインシャフトによって回転し、歯車を通して紡錘とつながる。システム全体がロバーツのしっかりした仕事のおかげで非常に効率がよく、操作も容易なばかりか信頼性も高かった。

ロバーツの力織機とともに、自動ミュールは当時の雇用状況を大きく変えた。糸を紡ぐにも機を織るにも熟練した職人が不要になったからである。機械を動かすには半熟練労働者で十分事足りた。このことは社会環境に大きな変化を引き起こした。多数の農業労働者が需要の多い新しい仕事に大挙して押し寄せたからだ。

通常、ミュール紡績機は男性によって操作されたが、力織機は女性によって操作された。新たな自動装置が標準になると、手で操作する旧式の機械はしだいに「ミュール＝ジェニー」と呼ばれるようになった。

◀自動ミュールでの綿紡績。水力もしくは蒸気機関でベルトによって動力が伝えられた。右手の機械の下で子供が掃き掃除をしているのに注目。

Wellcome Collection

ストックトン＆ダーリントン鉄道

065

ジョージ・スティーブンソン｜イングランド、ダーラム州｜1825年

1825年に開通したストックトン＆ダーリントン鉄道は、
世界で初めて客車と貨物列車の動力に蒸気機関を使用した。

ダーラム炭田が発展した際、採掘した石炭は港まで荷馬で運搬され、港からは南に船で運ばれたが、しだいにそれでは不十分になっていった。交通の重要な出口のひとつはダーラムのストックトン＝オン＝ティーズだった。政府はティーズ川下流が交通量の増加に対処できるよう投資するとともに、石炭を船積みする港の使用をもっと増やしたいと考えていた。

ダーリントンや西部の炭田とストックトンとを運河（のちには鉄道）で結ぼうという案は18世紀末には浮上していたが、ストックトン＆ダーリントン鉄道の建設を許可する法令が国王に認可されたのは、ようやく1821年4月19日のことだった。路線を推進した重要人物は、ダーリントンを本拠地とする毛織物製造者でクエーカー教徒のエドワード・ピーズ（1767～1858）である。彼は銀行家ジョナサン・バックハウス（1779～1842）とともに、新たな鉄道の主たる後援者となった。

ジョージ・スティーブンソン（1781～1848）はかつてキリングワース炭鉱に雇われ、ニコラス・ウッド（1795～1865）の下で働いていたが、この路線の技師に任命され、新たな鉄道を推進するもうひとりの立役者となった。スティーブンソンはすでに最初の蒸気機関車、ブリュヘル号を、キリングワース時代の1814年に設計していた。路線の

◀ジョージ・スティーブンソンは産業革命にもっとも影響を与えた技師のひとりである。土木工学および機械工学のプロジェクトに携わり、ストックトン＆ダーリントン鉄道やリヴァプール＆マンチェスター鉄道といった路線における業績から「鉄道の父」とみなされている。最終的にイギリスの、そして世界の多くの国々で標準軌と認められたのは、彼が主張した1435mmの軌道だった。
Andrew Gray/WikiCommons(CC BY-SA 3.0)

◀ロコモーション1号。ジョージ・スティーブンソンと息子のロバートが設計し、ロバート・スティーブンソン商会が製造した。ジョージ・スティーブンソンがキリングワース炭鉱で製造した機関車の経験が役立てられた。
WikiCommons

建設を許可した法令では動力はとくに指定されていなかったが、路線が完成し1823年5月23日付の新たな法令で「機関車あるいは可動機関」の使用が認められると、スティーブンソンは蒸気機関の使用を断固主張した。同年、スティーブンソンとピーズは機関車製造会社、ロバート・スティーブンソン商会をニューカッスル・アポン・タインに設立し、ストックトン&ダーリントン鉄道の最初の機関車を1825年に完成させた。ロコモーション1号である。この機関車はスティーブンソンがキリングワースで得た知識を大いに活用していた。4つの動輪を備えたロコモーション1号は、もともとはアクティブ号と呼ばれており、連結棒を使用した最初の機関車だと考えられている。

軌道に運ばれてきたロコモーション1号は、1825年9月27日、ストックトン&ダーリントン鉄道で最初の列車を牽引した。公共の鉄道で列車を牽引した世界初の機関車である。初走行ではジョージ・スティーブンソン自身が運転士を務め、11両以上の石炭の貨車、乗客を満載したエクスペリメントと呼ばれる車両と20両の無蓋貨車を牽引した。ロコモーション1号はしだいに時代遅れになっていったものの、1841年まで鉄道で使用され続けた。それから短期間、定置の揚水機関として使われたのち、1846年に再び鉄道で使用された。10年後、機関車は解体の危機を乗り越えて復元され、翌年正式に保存が決まった。今日、ロコモーション1号はナショナル・コレクションに認定され、ダーリントンに展示されている。動くレプリカはビーミッシュ博物館で見ることができる。

▼ビーミッシュ博物館のポッカーリー馬車軌道に置かれたロコモーション1号。
Peter from Lincoln/WikiCommons(CC BY 2.0)

エリー運河

066

デウィット・クリントン｜アメリカ、オールバニからバッファロー｜1825年

当時アメリカで試みられた最大かつもっとも意欲的な
土木プロジェクトであるエリー運河は、
ハドソン川を通じてニューヨークと五大湖を結び、
西部への開拓や商業の道を開いた。

▼当時描かれたエリー運河の断面図。プロジェクトの難所がよくわかる。とくにナイアガラの断崖は印象的だ。船を通すために、この東部区間177kmには27の閘門が設けられた。
WikiCommons

ニューヨーク州知事デウィット・クリントンは、商業や事業をアメリカの内陸にまで広げ、東岸地域における最重要港としてのニューヨークの地位を確立するため、エリー運河を建設しようと考えていた。連邦政府から出資を断られたクリントンは、ニューヨーク州議会からなんとか700万ドルの資金を確保し、理事に任命された。

運河はエリー湖東岸のバッファローで始まり、アパラチア山脈のモホーク渓谷を通り、それからハドソン川につながる。全長584km、幅は上部で12m、底部で8.5m。深さ1.2mで曳舟道が並行している。高低差は152m以上あり、石の閘門が83基と水路橋が18基設けられた。

建設は1816年7月4日、ニューヨーク州ロームからユーティカまで延びる中間部の平地で始まった。これは順調に進み、通行料で経費の一部を補うことができた。だがその次はもっと慎重を要する区間で、閘門を50箇所建設しなければならなかった。建築業者にも技師にもそういった工学技術の経験がなく、仕事について教わる必要があった。

東側で一番の難関は、23mの岩がそそり立つナイアガラの断崖だった。技師ネイサン・B・ロバーツは10基の連続閘門を設置することに決め

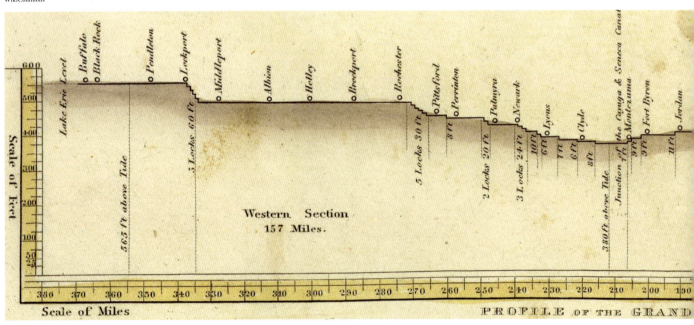

た。2列の閘門を5段階に配したのである。次の区間では台地を爆破して長さ5km、深さ9mの切り通しを造らなければならなかった。ブロックポートからオールバニまでの東区域は1823年9月10日に開通した。長さ50kmで、急流を越えるために27基の閘門が必要だった。

　工事を手分けして行うために、小さな会社が短い区間ごとに請け負い掘削した。人員、馬、装備の手配は各会社が責任を持ち、労働者を監督し賃金を支払った。総数9000人を超える労働者が運河建設のために雇われ、その大多数はアメリカ先住民とアイルランド人作業員だった。賃金は安いのに仕事は山ほどあり、悲しいことに建設中に多くの犠牲者が出た。

　1826年10月26日、予定より2年早く運河は正式に開通し、大祝典では州知事クリントンがセネカ・チーフ号に乗って運河を航行した。バッファローからの道中、祝砲が鳴り止むことはなかったという。

　運河船は約30tの荷を運んだ。おもに穀類と羊毛だが、ウイスキーや肉を運ぶこともあった。バッファロー・ニューヨーク間の運送コストは1tあたり100ドルから25ドルほどに下がり、さらに下がり続けた。3年以内に運河の通行料で完全に州からの借金（と利息）を返済し、いくつかの支線の運河に出資することもできた。

▲エリー運河のロックポート区間を空から南西方向に見たところ。1817年から1825年にかけて、ここに2列5段階の閘門が建設された（写真中央）。閘門1基につき約3.5mずつ上昇させ、ナイアガラの断崖18mを越えさせた。
Library of Congress

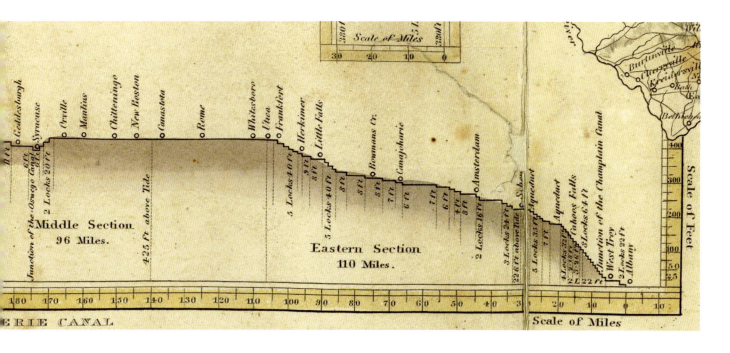

メナイ吊橋

067

トマス・テルフォード ｜ ウェールズ、アングルシー島 ｜ 1826年

流れの速いメナイ海峡に橋を
建設することによって、合同法通過後の
イギリス・アイルランド間の輸送は改善され、
伝統的な橋に代わる
新たな設計の可能性が示された。

アイルランドの反乱や、アイルランドとフランスの接近を懸念したイギリスは、1801年、アイルランドとの間に合同法を成立させた。これにともないアイルランド議会は廃止され、代わりにアイルランドの下院議員と貴族の代表者がそれぞれウェストミンスターの下院と上院に送られることになった。合同法成立後、ロンドン・ホリーヘッド［ウェールズ北部のアングルシー島にある、アイルランド航路の港町］間の交通を大幅に改善すべきだという声が高まった。難題に立ち向かい解決策を得るために有名な技師トマス・テルフォード（1757～1834）が雇われた。改善すべき点の多くは、現在ロンドンからリッチフィールドとシュー

▼メナイ海峡に架かる吊橋は、合同法成立後、イギリス本土とアイルランドをつなぐ大規模計画の一環としてトマス・テルフォードが設計した。写真はアングルシー島側から1860年頃に撮影された橋の様子。
Francis Bedford/The Marjorie and Leonard Vernon Collection,gift of The Annenberg Foundation,acquired from Carol Vernon and Robert Turbin/LACMA

▲完成からほぼ2世紀を経たメナム吊橋。交換工事や強化工事は行われているものの、イギリス本土からアングルシー島へと臨む眺めは今も変わらない。
Nilfanion/WikiCommons(CC BY-SA 4.0)

ルズベリーを通ってアングルシー島に向かうA5基幹道路に関係していた。

　しかしホリーヘッドに到達するには大きな難題があった。メナイ海峡を越えてアングルシー島に渡る安定した横断場所が必要だったのである。テルフォードの設計は多くの障害を乗り越えなければならなかった。流れが速く海岸の高さもある海峡に、橋脚のある昔ながらの橋を建設するのは非現実的だった。また、イギリス海軍本部が軍艦の航行に支障ない橋を要望していたことからも、そういった案は除外された。その結果、テルフォードは吊橋の建設を提案し、承認された。工事は1819年に始まり、1826年1月30日の正式な開通に間に合うように終了した。

　新たな橋はシュルーズベリーの製鉄所で造られた建設用鉄材を使って、ウィリアム・ヘイズルダイン(1763〜1840)が建造した。アングルシー側からは3つ、バンガー側からは4つの石のアーチが伸び、アーチと橋の主径間をつないでいるのが両側の塔だ。この塔から延びた吊りケーブルが径間を支えている。塔はその他の石造部分と同様に、ペンモン石灰岩で建設された。塔は中空で内側に隔壁がある。初期の計画では、塔の上部も鉄で建造され、2本の車道の間に中央歩道が設けられるはずだった。しかし塔は結局すべて石で造られ、中央歩道の案は却下された。

　橋の径間は全長176mで、満潮時には水面から30.5mの高さがある。径間を支えるのは16本の鉄の鎖で、それぞれ935個の輪がつながってできている。1825年4月26日から6月9日にかけて、労働者のチームが滑車を使って海峡に鎖を吊した。各鎖は長さ522.3mで、両岸の岩盤に端が埋め込まれた。

　橋が開通した直後から木製の車道は問題視され、改良が求められた。常駐技師のウィリアム・アレキサンダー・プロヴィス(1792〜1870)は1830年代末に車道の敷き替えに着手した。彼が敷設した車道は1893年に鋼に替えられた。20世紀に橋は1級指定建造物となり、さらなる改修を加えられている。とくに1938年から1941年にかけては、それまでの鉄鎖が鋼鉄製の鎖に交換された。

　橋は現在も使われているが、トラックなどの大型車は今ではブリタニア橋(154ページ参照)を通行している。

現存する最古の写真

068

ジョセフ・ニエプス｜フランス｜1826年頃

記録された最初の画像が発展への出発点となり、それが今日の動と静の写真技術につながった。

▶ジョセフ・ニセフォール・ニエプスの肖像。フランス、ドゥノン美術館に収蔵されているレオナール＝フランソワ・ベルジュ作の模写。
WikiCommons

　現存する最古の写真は、カメラ・オブスクラと呼ばれる装置がもとになって生まれた。1800年代初期、絵を描くのに利用された人気の装置である。片側にピンホールの開いた箱で、適切な位置に置くと、その前にある風景を近くのスクリーンに映し出すことができた。フランスの発明家ジョセフ・ニセフォール・ニエプス（1765〜1833）は、従来の芸術的な技術を使って画像を記録するのが不得手だったため、別な方法を探していた。

　そして考えついたのが「ヘリオグラフィ」である。これは光に敏感な塩化銀で覆った紙に像を映し出すというものだ。だが彼はふたつの大きな問題に直面した。ひとつは、紙が光に当たった途端黒くなり、像が完全に見えなくなってしまう点である。もうひとつは、陰画しか記録できないという点だった。つまり明るい部分が暗く、暗い部分が明るく映るのだ。

　ニエプスは最終的に、ラベンダー油に「ユダヤの土瀝青（どれきせい）」［炭化水素の化合物］を溶かして作った液体を薄くコーティングするという方法にたどりついた。この液体をガラス板や石板や金属板などに塗りつける。いったん乾かしてから、写す対象を版画のように裏返しに置き、直射日光に当てる。原画の暗い部分が日光をさえぎるのに対し、明るい部分はさえぎらない。日光に当たることで瀝青が硬くなり溶けにくくなるので、ニエプスが溶剤を使って柔らかい部分だけ溶かすと像が浮かび上がり、それを酸でエッチングしたり、リトグラフに使ったりすることができた。

　この方法で製作した最初の画像から、ニエプスは複製を作ろうとしたが、それは現存していない。しかし1827年頃、彼は窓からの風景を、瀝青でコーティングした白目［錫を主成分とする合金］のシートに撮影した。これは知られている限り世界最古の写真で、そこからすべての近代的な写真が始まった。

▲ニエプスの「ル・グラの窓からの眺め」の画質を高めたもの。1826年か27年頃にカメラ・オブスクラで撮影された。実世界の風景を撮影した現存する最古の写真である。
WikiCommons

ロイヤル・ウィリアム・ヤード

069

ジョン・レニー｜イングランド、プリマス｜1826〜35年

ロイヤル・ウィリアム・ヤードは、イギリス海軍の補給品を
すべてひとつの専用施設から安全に供給するために、
デヴォンポート海軍工廠近くに建設された。

巨大なイギリス海軍への食品、飲料、糧食の供給ともなれば量は莫大で、数多くの請負業者や納入業者との取引が必要となり、詐欺や賄賂の可能性がつきまとう。兵站上もさまざまな懸念があった。

問題解決に当たったのは食糧供給局だった。約14万の兵（1810年時点）に十分な物資を供給し、どこにいようと彼らの体調を万全に保ち国家の利益を守ることを任されている機関だ。1823年、食糧供給局はイギリス海軍のすべての食糧供給をひとつの専用施設で総合的に行うため、プリマスに（1827年にはポーツマスにも）巨大な補給基地を設立し、そこで海軍用の食糧をすべて注文し、製造し、供給することに決めた。これによって民間業者の介入や不当利得が最小限に抑えられ、商品の質が高まるとともに製造も容易になり、イギリス海軍にとって大きな利益になると考えられた。

建築家で土木技師でもあるサー・ジョン・レニー（1794〜1874）が設計したこの複合施設は、1826年から1835年にかけてプリマス郊外のストーンハウスに建設された。プリマス海峡の深海部近くに位置し、国王ウィリアム4世（もとクラレンス公）が礎石を置き、王にちなんでロイヤル・ウィリアム・ヤードと名づけられた。敷地は約6.5haで、うち4haは海を埋め立てた。堂々たる巨大な建物群はプリマス石灰岩とダートムーアの花崗岩でできており、左右対称のマス目状に配置されていた。これは食料品の製造、貯蔵、配給を効率よく行うための設計で、埠頭に停泊している船に直接積み込むことができた。このエリアには人工ドック、埠頭、醸造所、桶屋、製粉所、パン工場、倉庫、食肉処理場、事務所と海軍の高官の住居、衛兵所もあった。

各建物には名前がつけられていた。クラレンス（1829〜31）は最初に建設された区画にある酒類の倉庫で、蒸留酒、酢、ビールのフロアに分かれていた。そのため、火事にならないよう、建物の大部分、天井ドア、窓などはできるだけ鉄で造られた。

1日100頭の牛がスローターハウス（1830〜31）で解体され、肉は木樽で塩漬けにされた。ミルズベーカリー（1830〜34）はパンとビスケットの工場だった。メルヴィル（1828頃〜32）は施設管理の心臓部で、食品、装備、衣類の主要な倉庫だった。

醸造所を意味するブルーハウス（1830〜31）は実際に醸造をすることはなく、しばらく空いたままだったが、1885年に修理工作室とラム酒倉庫になった。クーパリッジ（1826頃〜32）では100人の樽職人が液体類や農産物の貯蔵用に樽と小樽を作っていた。ガードハウス（1830〜31）は海上警察のための建物だった。

施設建設には総額で約200万ポンドかかった。これは1825年に議会が見積もった29万1512ポンドを大きく上回っている。だがこの施設は1992年まで海軍に使用された。

▼現在の夕暮れのロイヤル・ウィリアム・ヤードの眺め。壮大な建物群は最近個人用アパートメント、商店、レストランに生まれ変わった。
Michael Chapman/WikiCommons(CC BY-SA 4.0)

バーミンガム運河水路網の水路橋

トマス・テルフォード｜イングランド、バーミンガム｜1828年頃

トマス・テルフォードは
鉄製のトラフを用いた新たな技術を開発し、
それにより水路橋は従来の石造りの橋より
ずっと広い幅をまたぐことができるようになった。
彼はこの技術をさらに改良し、吊橋や
道路橋におけるもっと有名な業績につなげた。

産業革命の間イングランド中部地方は、丘陵の多い地形を縫うように走る複雑な運河網によって結ばれていた。こういった運河の水を管理するには、運河がけっして干上がらないようにするための閘門やポンプの複雑なシステムが必要だった。

運河の旧本線のエンジン・アーム支線（またはバーミンガム支線）は、トマス・テルフォードが設計・建設した短い運河で、ロットンパーク貯水池（現在のエッジベーストン貯水池）からバーミンガム運

▶この水路橋は、別の水路を横断するのに初めて鉄製トラフを使用した。このアイデアはのちの運河技師に何度となく利用された。

Oosoom/WikiCommons(CC BY-SA 3.0)

▲茶色とクリーム色と赤で彩られたくすんだ色合いの優美なゴシック調の鋳鉄製水路橋は、中部地方の運河網の見どころのひとつである。鋳鉄製の部品はアーロン・マンビーが設立したホースリー製鉄所で鋳造された。彼は最初の鉄製蒸気船（103ページ参照）を建造したことで有名になった。

Oosoom/WikiCommons(CC BY-SA 3.0)

河水路網の新本線を越えて、近くを並行して流れる旧本線に水を運んだ。エンジン・アーム支線の目的のひとつは、その貯水池と、運河のバーミンガム・レベルから旧本線のスメスウィック・サミット（ウルヴァーハンプトン・レベル）まで水を供給するスメスウィック機関とを結ぶことだった。新たな掘割りができたおかげで運河を通る船は石炭を直接ポンプ機関に運ぶことができた。

　1828年頃にトマス・テルフォード（1757〜1834）が設計建設した水路橋のおかげで、運河はスメスウィックのバーミンガム運河水路網の新本線の深い掘割りを越えることができた。彼が考案したのは、全長15.9mの鋳鉄製トラフを径間に使用した水路橋である。水路橋は5つのリブを持つアーチによって支えられていて、それぞれがボルトで固定された4つのセクションからなっている。北西から南東に向かって架けられ、2.4m幅のトラフが内側の3つのアーチに支えられ、重量の一部は垂直のプレートを通して外側のアーチにかかっている。さらに、斜めになった筋交いは、トラフ内の水の重さによって引き起こされる外側の推力に対抗するために、石とレンガの迫台にたすき掛けにされている。

　東側と西側の平行な曳舟道はそれぞれ幅1.3mで、優美な縦溝彫りのゴシック様式の鋳鉄製柱と尖塔アーチの列に支えられている。数多くの鋳物の部品は近くのティプトンにあるホースリー製鉄所で製造された。曳舟道の東側には、曳航する馬をつかまえておくための一段高い細いレンガで舗装された足場がついていた。

　水路橋の北西端には太鼓橋型の移動橋があり、これがあるおかげで曳舟道は水路橋の入り口を横切ることができる。移動橋は北東から南西へと架けられていて（水路橋に対して90度）、石の笠木のついた青い土木用レンガで建てられ、粗面積みに仕上げられている。

スタウアブリッジ・ライオン号

071

フォスター・ラストリック商会｜イングランド、スタウアブリッジ｜1829年

2両の機関車、スタウアブリッジ・ライオン号とロケット号（次ページ参照）は、1820年代終わりに、機関車の設計の違いをはっきりと示した。スタウアブリッジ・ライオン号はアメリカ初の蒸気機関車で、従来の設計を踏襲している。

1830年までに蒸気機関車は速いペースで発展し、その頃に製造された2両の蒸気機関車が進歩を明確に示した。スタウアブリッジ・ライオン号とロケット号である。ともに1829年に完成した。

アメリカで初めて運転された機関車、スタウアブリッジ・ライオン号は、まさに伝統的な設計の典型だった。ボイラーからは1本の煙管が伸びていて、分かれた煙室も火室もない。ボイラーの上にはバッタの羽根のような1対のビームが据えられ、これがそれぞれ垂直に動くピストン棒につながっていた。

機関車はスタウアブリッジにあるジェームズ・フォスター（1786～1853）とジョン・アーペス・ラストリック（1780～1856）のフォスター・ラストリック商会の工場で製造された。この商会からアメリカ最古の鉄道会社のひとつ、デラウェア＆ハドソン運河会社に納品された3両の機関車のひとつで、分解されて船で大西洋を渡り、ニューヨークのウェストポイント・ファウンドリーで組み立てられた。1829年8月8日に正式な試験走行を行ったが、機関車の重さが7.2tあり（規定された4tを大幅に超えていた）、貧弱な軌道（固体鉄ではなく木材の上に帯状の鉄が載っていた）では、すぐに使用することはできない。スタウアブリッジで製造された機関車を売却しようという動きもあったが失敗し、機関車の部品は少しずつ盗まれていった。

最終的に残ったのはスタウアブリッジ・ライオン号のボイラーだけで、鋳物工場で使用されたのち保管されることが決まった。これは今ではワシントンD.C.を本拠地とするスミソニアン博物館の収蔵物となっている。デラウェア＆ハドソン社自身が製作したものも含め、多くのレプリカが製造されている。

▶ホーンズデールに掲げられた「アメリカの鉄道発祥の地」の銘板。ここでスタウアブリッジ・ライオン号が初めて走った。正面にライオンの顔が描かれていたことと、製造された土地（イギリス中部地方のスタウアブリッジ）からこの名がついた。
Ben Dalton/WikiCommons(CC BY 2.0)

◀1916年、画家クライド・O・ディランド（1872～1947）の描いた「最初の機関車」は、スタウアブリッジ・ライオン号を思わせる。
Library of Congress

ロケット号

072

ロバート・スティーブンソン ｜ イングランド、ニューカッスル ｜ 1829年

リヴァプール＆マンチェスター鉄道は使用する機関車を決定するため、レインヒル・トライアルというコンテストを開催した。このトライアルに参加すべく、ロバート・スティーブンソン（1803～59）はロケット号を設計し、ニューカッスル・アポン・タインにあるフォース・ストリート・ワークスで製造した。レインヒル・トライアルのルール（たとえば車軸の数に基づいて最大重量が規定された）は、機関車の設計を決めるのに役立った。スティーブンソンは2軸の機関車を作ることに決めた。完成した機関車が4.5tを上回ってはならないからである。スティーブンソンは勝利するには軽くて速い機関車でなければならないと判断した。

ロケット号はさまざまな点で画期的だった。いくつかの特徴は以前から他の機関車にも見られたが、それが初めて結集し、未来の蒸気機関車を設計するための手本となった。重量を抑えるため、スティーブンソンは0-2-2の車軸配置を採用し、連結棒の重量を減らした。この配置により動輪だけで重量の大部分を支えることができ、粘着性も向上した。一方、従来垂直だったシリンダーは、水平に近い角度でつけられた。これで車両の揺れを最小限に抑えることができた。ピストンは直接動輪につながり、ボイラーに複数の煙管がついているのが革新的だった。少なくとも25本の銅の煙管がついたことで、単管のボイラーで動かしていた初期の機関車に比べ、非常に効率がよくなった。分離された煙室と排気管も効率性を高めた。前者によって、熱を作り出すコークスが最適利用され、後者によって真空を作り出すための排気の効率が高まった。複数煙管ボイラーを使用したからこそ、実現できたことである。

使用されている間に一部改造はされたものの、ロケット号は1862年に引退、保存され、今ではナショナル・コレクションのひとつとなっている。長い年月の間にレプリカも数多く作られた。

スティーブンソンのロケット号は、スタウアブリッジ・ライオン号とはかなり異なり、車軸配置0-2-2、水平に近い角度のシリンダー、そして複数の煙管を備えた改良型ボイラーで、未来への道筋を開いた。

◂ジョージ・スティーブンソンは1781年にノーサンバーランドのワイラムで生まれた。生家は現在ナショナルトラストが所有する博物館になっている。1929年、英国機械学会に設置され除幕された屋外の記念銘板は、スティーブンソンと彼のレインヒル・トライアルでの成功に賛辞を呈している。

Tony Hisgett/WikiCommons (CC BY 2.0)

▴ジョージ・スティーブンソンはリヴァプール＆マンチェスター鉄道の設計者だったが、ロケット号はジョージと息子ロバート（1803～59）の業績だ。父親は当初リヴァプール＆マンチェスター鉄道の設立にかかわったため、詳細な設計とニューカッスル・アポン・タインでの組み立ての監督はロバートが受け持った。1980年のリヴァプール＆マンチェスター鉄道150周年記念祝典に先立ち、ロケット号の動くレプリカが作られた。これは以前に作られたレプリカとともに、ナショナル・コレクションのひとつになっている。

Tony Hisgett/WikiCommons(CC BY 2.0)

リヴァプール&マンチェスター鉄道

073

イングランド、ランカシャー｜1830年

リヴァプール&マンチェスター鉄道は、
人口密集地域を結ぶために設計された初めての鉄道であるとともに、
機械動力のみを使用した最初の鉄道でもある。

産業化と都市化が進展し輸送量が増加すると、従来の水上を中心とした輸送インフラではしだいに対処できなくなっていった。その結果、運河に依存せざるを得ずにいた実業家たちは、競争相手のいない運河の経営者が法外な利益を得ているのではないかと考えるようになった。マンチェスターは綿工業の主要な中心地として発展していたが、運河会社は膨大な量の原材料を運ぶのに法外な料金をかけていたからだ。一方、主要港に発展していたリヴァプールは、増大する人口を養うための食品移動コストの高さに影響を受けていた。

解決策を提案したのは、マンチェスターの著名な紡績業者ジョン・ケネディ(1769〜1855)と、リヴァプールに基盤を置く穀物商人ジョセフ・サンダース(1785〜1860)である。ふたつの街を鉄道でつなごうというのだ。ふたりがそう考えたのは、ウィリアム・ジェームズ(1771〜1837)の影響を受けたからにほかならない。彼は従来の馬車鉄道を超える運輸網を鉄道で構築できると考えていた。1837年にジェームズが亡くなった際、次のような死亡記事が掲載された。「彼はまさに鉄道システムの父と言えるだろう。そのような新機軸が笑いものにされていた頃に、私費を投じて多くの路線を調査したからだ」

リヴァプール&マンチェスター鉄道会社は1824年5月20日に設立された。ジョージ・スティーブンソン(1781〜1848)が技師に任命され

▼ジョージ・スティーブンソンが調査した路線を示すリヴァプール&マンチェスター鉄道の地図。
Science & Society Picture Library/SSPL/Getty Images

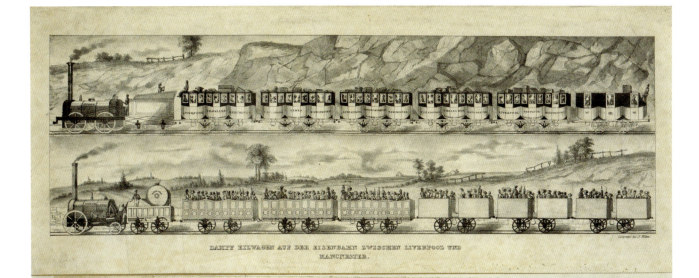

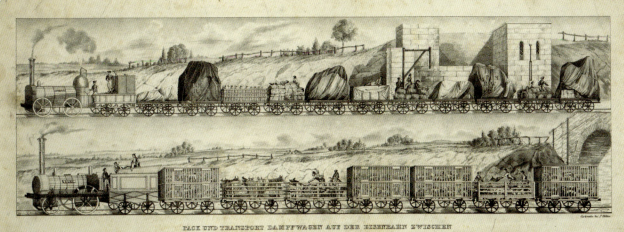

（112ページ参照）、ジェームズが以前に終了していた作業を補うために追加の測量作業が開始された。しかし議会はスティーブンソンの能力に疑問を抱き、ジョージ・レニー（1791～1866）と弟ジョン（1794～1874、119ページ参照）を後任に指名し、チャールズ・ブラッカー・ヴィグノールス（1793～1875）を調査担当に任命した。1826年5月5日に法令で鉄道への認可は下りたが、レニー兄弟と路線の建設について意見が折り合わず、スティーブンソンが再び任命され、彼の助手ジョセフ・ロック（1805～60）が技師となった。

路線の建設は大事業だった。7.6kmにわたるチャット・モス湿地帯の横断は難工事で、完成にはかなりの創意工夫を要した。路線全域で架けられた橋と高架橋は64基にのぼる。そのひとつ、マンチェスター近くに架かる橋は、鉄道線路を支えるのに鋳鉄製の桁を使用した点が先駆的だった。1830年9月15日に開通の祝典が催された。

リヴァプール＆マンチェスター鉄道は、機械動力による旅客路線という新たな考え方を先導した。また、この路線は全線複線で建設された最初の路線でもあった（それまではほとんどが単線だった）。また、信号で合図を送った初めての路線でもある。このために警察官が配置され、ゆえに信号手は「ボビー」（警察官）というあだ名で呼ばれた。信号手は路線のそばに約1.6kmごとに配置され、腕を使って、機関車が進んでも安全かどうかを示した（信号システムは、その後色つきの旗が導入された）。

しかしこの路線の最大の意義は、鉄道が運河よりも有益で効率のよい交通機関になりうることを示した点だ。この路線が示した可能性が、結果的に鉄道時代をもたらした。

▲リヴァプール＆マンチェスター鉄道は、大都市を結んだ世界初の鉄道と考えられている。もともとはマンチェスターとリヴァプールの事業家が既存の運河と競争するために（低価格の貨物運送として）考えたものだったが、路線が開通すると旅客輸送も発展した。この当時の版画には、レインヒル・トライアル（123ページ参照）でスティーブンソンのロケット号と競争するために設計された多くの機関車と、接続するために設計されたさまざまな車両が描かれている。
Library of Congress

芝刈機

074

エドウィン・バディング｜イングランド、グロスターシャー｜1830年

芝刈機は屋外スポーツ競技に革命をもたらした。芝刈機が発明されるまで、
草を刈るには特殊技能が必要で、手で鎌を使って行うため、
時間も金もかかる根気のいる仕事だった。芝刈機ができたおかげで
スポーツの発展が促進され、家庭の庭の管理も容易になった。

エドウィン・ビアード・バディング（1796～1846）は、機械工およびフリーランスの技師兼発明家で、グロスターシャーのストラウド周辺の織物工場で機械の組み立てや修理を行っていた。1820年代末に彼が開発したピストルは1835年のサム・コルトの連発拳銃よりも優れていたと言われ、また、ジョージ・リスターが1843年に梳綿機を改良するのも手伝った。新たなタイプの旋盤とスパナも設計している。あるときブリムスコム・ミルで、毛織物のけばを切ってなめらかに仕上げる回転式クロスカッティング機を見た彼は、同様の原理を広い場所、たとえば野外運動場や田舎の庭園の草刈りに応用してはどうかと考えついた。

バディングは事業家ジョン・フェラビーとの共同事業を開始した。開発費の支払い、特許証の取得、製造の細かい部分の改善、機械の売り込み、芝刈り機製造希望業者へのライセンス販売がフェラビーの担当である。

芝刈機の特許は1830年8月に下りた。そこには「芝、草の生えた区画、娯楽用グラウンドを刈り込むことを目的とした新たな機械の組み合わせと利用」とある。ストラウドに近いトラップで製造された最初の芝刈機は、錬鉄製フレームにつけられた48.25cmの機械で、一対のハンドルで操作した。後部についた重いローラーが回って動力を歯車に伝え、カッティングシリンダーについた刃を動かす仕組みだ。歯車比は16対1だ。また、小さいほうの前方のローラーで、刈る高さを調節できる。刃が動くと刈り取った草が前面の大きな箱に投げ込まれていく。その後、機械を引っ張ることができるよう、正面に別のハンドルがつけられた。

ごく初期のモデルは、ロンドン中心部のリージェントパーク動物園がグラウンドで使用するために購入した。オックスフォード大学でも別の機械が購入されている。使用説明書は簡単だ。「……ハンドルを握り、手押し車を押すように……機械を少しずつ芝生に沿って、ハンドルを上げず、適度な圧力をかけて前進させる……」

1832年、ランサムズ・オブ・イプスウィッチ社がバディングから最初の製造ライセンスを買い、芝刈機の販売を開始した。最終的には一般家庭で自宅の草を刈るのにも使われるようになった。ランサムズは「この機械は扱いが非常に簡単なので、芝刈りに不慣れでも芝生の草やローンボウリング用の芝生を刈ることができます」と広告にうたっている。

驚いたことに、バディングが考案した草刈り機の原理は、現代の草刈り機とほとんど変わっていない。

▼初期の草刈機。この機械が発明されるまで、芝生や草地を刈り込むことができるのは裕福な個人か施設だけだった。発明後、団体スポーツが広がり、大衆向けの人気の娯楽となった。
Clive Streeter/Getty Images

ジョーンズ・フォールズ・ダム

075

レッドパスとマッケイ｜カナダ、オンタリオ｜1832年

1832年の完成時、ジョーンズ・フォールズ・ダムは
北米と大英帝国でもっとも高いダムだった。
このダムは上流側に湾曲して建設されることで建造物全体が「固定」され、
背後に大量の水をとどめることができている。

ジョーンズ・フォールズ・ダムはカナダ、オンタリオのリドー運河に、ジョーンズ・フォールズ・ロックステーション複合施設の一部として建設された。ダムは、サンド湖から流れ出た全長1.6kmの一連の急流に流れ込む莫大な量の水をとどめるために設計された。これらの水はジョーンズ・フォールズに注ぎ、それから11.9m流れ落ちてポタワトミ川に注ぎ、最終的にオーウェンサウンド湾に流れ込む。

ダムを設計し建設したのはジョン・レッドパスとトマス・マッケイで、リドー運河の監督であるジョン・バイ中佐が総監督を務めた。建設中、ダム後方のサンド湖からの流れを調節するために、ふたつの人工水路を開放して水を排出した。ひとつはダムの土台に近い東側で、もうひとつは約6.1m上流の西側で。ダムがほぼ完成した時点でサンド湖の水が抜かれ、人工水路はふさがれ、ダムが迅速に予定の高さまで仕上げられると、湖に再び水が入れられた。

ダムは大きな砂岩のブロックで建てられている。これはエルジンの採石場から9.6kmの距離を運ばれてきた。全長約110mでゆるやかなカーブを描き、高さは18.25m、土台部分の厚さは8.25mである。つなぎのモルタルやセメントは使われていない。巨大な石のブロックが巨大なアーチ型に組まれていて、ダムによって押しとどめられた水の圧力が、正確にカットされたブロック同士を押しつけ合う。石のアーチと同じ原理である。土台部分は湖底を2.5m掘り下げ、水中の粗石と泥の斜面で補強された。これは38.7m上流にまで延び、ダムに対する圧力を弱めている。

最盛期には約260人がダム建設に従事した。うち40人は石工で、切り出された砂岩をさらに切ったり仕上げたりした。1828年の夏にはマラリアが猛威を振るい、数十人が命を落としたほか、数週間働けなくなる者が続出した。そこまでの被害は出なかったものの、毎年夏になるとマラリアはぶり返した。

ダムが整うと、急流は水量が大きく減少した。湖の水位を調節するための堰も建設された。ダムはその特性から、ウィスパリング・ダム（ささやきのダム）と呼ばれている。誰かが片方の端に立って言葉を発すると、反対側の同じ位置に立った人によく聞こえるからだ。

▲現在のジョーンズ・フォールズ・ダム。その新しい設計は明らかに時の試練に耐えてきた。予期せぬおまけとして、ダムから漏出する水分によって南面の土台部分の肥沃な土に独自の植物群落が形成されている。
Dennis Nazarenko/WikiCommons(CC BY 2.0)

ニューヨーク&ハーレム鉄道

076

ジョン・スティーブンソン｜アメリカ、ニューヨーク｜1832年

最初の路面鉄道であるニューヨーク&ハーレム鉄道は、
世界中の公共輸送の発展に影響を与えることになった。

18世紀の発明の結果生じた大きな技術革新にともない、社会の編成にも同様の、そしておそらくはもっと大きな変化が起こった。都市化への動きである。大都市は産業時代以前から

▲馬が引く路面鉄道は19世紀半ばから末にかけて発展し、技術は進歩した。溝つきの縁のある車輪が導入され、軌道は通常の道路に敷かれ、道路利用者すべてにとって、乗り心地がよくなった。この1880年の写真には1871年に完成したグランド・セントラル駅が写っている（現在の建物は1903年から13年に建てられた）。正面に見えるのは馬が引く「路面鉄道」だ。

New York Public Library Digital Collection

存在していたが、大多数の人々は田舎に住み、1年の農業サイクルに基づく生活を送っていた。だが、工場ができるとひとつのコミュニティに労働力を集中させる必要が生じる。こういった人々の移動にも、彼らに食糧を供給するにも、輸送の発展は必須だった。

世界初の路面鉄道は、アイルランド生まれのジョン・スティーブンソン（1809〜93）が設計し、ニューヨーク、マンハッタン島の東側に建設された。ニューヨーク市とハーレムを結ぶ、ニューヨーク＆ハーレム鉄道である。会社は1831年4月25日に誕生した。路線の最初の区間はプリンス通りからバワリー街沿いに北へ進み14丁目に向かう線で、1832年11月26日に開通した。その後20年以上かけて路線は南北に伸び、最終的にブロードウェイからチャタム・フォー・コーナーズに達した。当初、この路線は馬を動力としていたが、1837年、23丁目より北の区間に蒸気機関車が導入された。しかし1854年に蒸気機関の利用が制限されたため、馬による牽引が42丁目のあたりで復活した。

ジョージ・フランシス・トレイン（1829〜1904）はイギリスに市街路面鉄道の概念をもたらした。彼の革命的な路線はマージーサイドのバーケンヘッドに完成し、1860年8月30日に開通した。彼は引き続きロンドンに3つの路線を開通させている。最初の路線はマーブル・アーチとポートチェスター・テラスを結び、1861年3月23日に開通した。すべて動力は馬だった。既存の乗合馬車よりこのサービスのほうが人気があったにもかかわらず、敷設の方法（軌道が路面より高くなっていた）は他の道路利用者にとっては問題があった。その結果、これらの初期の革命的な事業は（1862年から1865年までダーリントンで運行していたものとともに）短命に終わった。

1860年代末には発起人が個人で法令による建設認可を求め（あるいは得）、いくつかの路面鉄道がイギリスで建設されたものの、広範囲に及ぶ建設を許可する枠組みが確立したのは、1870年に軌道法が通過してからのことだった。

馬を動力にした路面鉄道の多くは1世紀以上前に姿を消したものの、今でも乗ることは可能だ。マン島のダグラスでは、馬を動力とした世界最後の路面鉄道が商業運行されている。

▲1832年に開通したニューヨーク＆ハーレム鉄道は、世界初の路面鉄道と広く認識されている。軌道はL字形の比較的原始的なもので、車輪は従来の鉄道車両と異なりフランジ（鍔）がついていなかった。
Barry Cross Collection/Online Transport Archive

▲5番街と6番街の間の42丁目を走る馬車鉄道。1900年頃。
New York Public Library Digital Collection

ロンドン&グリニッジ鉄道

077

イングランド、ロンドン｜1836年

ロンドン&グリニッジ鉄道には、さまざまな「最初の」が冠せられる。
ロンドンで最初の旅客鉄道であるとともに、世界初の高架鉄道だった。
そして信号で管理される鉄道連絡駅が初めてできたのも、この鉄道だった。

ロンドンに初めて乗り入れた鉄道、ロンドン&グリニッジ鉄道は、多くの点で先駆的だった。当初計画を推進したのは、イギリス陸軍工兵隊のジョージ・トマス・ランドマン大佐(1779～1854)と、企業家で初期の鉄道の支援者だったジョージ・ウォルター(1790～1854)である。路線建設のための会社は1831年11月25日に設立され、1833年5月17日付の法令で、1832年にフランシス・ジョン・ウィリアム・トマス・ジャイルズ(1787頃～1847)が行った調査に基づくルートに認可が下りた。

ロンドン&グリニッジ鉄道は主として旅客輸

▲東に向いたテムズ川の魅力的な眺めは、ロンドンのために建設された湿ドックを示している。特筆すべきは高架鉄道で、これもロンドンのために早い時代に建設された。テムズ川北岸にはロンドン&ブラックウェル鉄道、南にはロンドン&グリニッジ鉄道がグリニッジに向かっているのが見える。サー・クリストファー・レンの英国海軍大学も見える。ロンドン&クロイドン鉄道は前面でロンドン&グリニッジ鉄道と交差している。
Wellcome Collection

送を目的とした最初の鉄道で、終着駅のトゥーリー通り（のちのロンドン・ブリッジ駅）は、グリニッジからロンドンに旅する客への連絡路となっていた。

　平面交差を避けるため、新たな鉄道は高架鉄道として設計された。単径間の橋を渡る鉄道の原理は、1世紀以上前にタンフィールド鉄道のコージー・アーチで確立されていた。これは1725年から1726年にかけてラルフ・ウッドが完成させたアーチ橋である。新たな鉄道は、約6kmにわたって878のレンガのアーチが連なった高架橋の上に敷設された。路線の主な請負業者はヒュー・マッキントッシュ（1768〜1840）で、彼はのちにブルネルのグレート・ウェスタン鉄道の建設にも参加している。

　路線の最初の区間はデプトフォード（現時点でロンドン最古の旅客駅だと主張している）からスパ・ロードまでで、1836年2月8日に開通した。1836年10月にはバーモンジー通りまで、1836年12月14日にはトゥーリー通りまで延びている。デプトフォードから東へは、1838年12月24日にグリニッジのチャーチ・ロウに到達し、デプトフォード・クリークの橋の完成に続いて、1840年4月12日にグリニッジの駅に到達した。路線は膨大な数の乗客を運んだものの、もともとの発起人が見込んだような経済的成功には至らなかった。しかし、アーチの下のスペースを賃貸することで副収入が得られた。

　ロンドン＆グリニッジ鉄道はもっと壮大な計画の一部だった。のちに完成したが、グレーブゼンドを通ってドーヴァーまで延びるルートを走らせる計画があったのだ。グリニッジからウーリッジを通って東へ向かう線は1878年に開通している。トゥーリー通りを起点とする2番目の鉄道、ロンドン＆クロイドン鉄道（1835年6月12日の法令で認可された）が開通した結果（既存のロンドン＆グリニッジとコーベッツで分岐していた）、鉄道のもうひとつの「最初」が生まれた。分岐を管理するために初めて信号が設置されたのである。これは1839年6月5日、ロンドン＆クロイドン鉄道の開通にともない導入された。円盤型で、転てつ手〔線路のポイントを変える鉄道員〕が操作し、ポイントがどのように設定されているかを示した。円盤が白を示していたら（夜間は赤）ポイントはクロイドン行き、縁だけが見えるなら（夜間は白い光）、グリニッジ行きになっていた。

▲ロンドン＆グリニッジ鉄道はロンドンに向かう初の旅客鉄道だった。平面交差を避けるために高架で建設され、新たな鉄道に隣接する建物のなかにはバーモンジーのセント・ジェームズ教会もあった。鉄道が開通した際は教会も比較的新しく、1829年に建てられたばかりだった。
WikiCommons

▲ロンドン＆グリニッジ鉄道のもともとの終点は、1878年、路線が東に延びた際にサウス・イースタン鉄道のために建設された新駅に代わった。これはもとの終点の少し東にあった。新駅の設計は、1840年に完成したジョージ・スミス（1782〜1869）による旧駅のネオ・ベネチア式を大いに参考にしていた。この写真の新駅は2級指定建造物となっている。
Tom Betts/WikiCommons

電信機

078

クックとホイートストン｜イングランド、ロンドン｜1838年

業務用電信機が発明されたことで、
簡単なメッセージを遠く離れた場所まで
迅速に送れるようになり、
最初は鉄道のオペレーターが
路線に指示を送るのに使われた。

1837年5月、発明家で企業家のウィリアム・フォザーギル・クック（1806～1879）とイギリス人科学者で研究者のチャールズ・ホイートストン（1802～1875）が共同で電信システムの特許を取得した。これは電気インパルスを使ってボードの上の針を動かし、アルファベットの文字を指すというものだ。必要な文字やコードの数によって針の数も変わった。

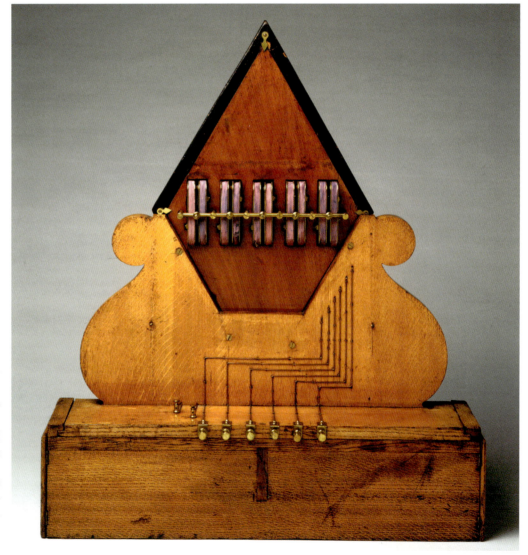

▶チャールズ・ホイートストンとウィリアム・フォザーギル・クックが1837年に特許を取得した5針式電信機の背面。ダイヤ型の格子に20個の文字が刻まれ（足りない6個の文字はメッセージから省かねばならなかった）、中央に5本の針が並んでいる。2本の針が左か右に振れることで特定の文字を指すことができた。

Getty Images

◀ウィリアム・フォザーギル・クック（左）とチャールズ・ホイートストン（右）は発明家で、ヨーロッパの電信の先駆者の業績を基に、実用的な電信システムの特許を取得した。
Alamy;Wellcome Collection

　1837年7月25日、新たに開通したロンドンとバーミンガムを結ぶ鉄道の理事たちに、4針式装置の実験が公開された。ユーストンとカムデン・タウンの間にあるインクラインで客車を引き上げる準備が整ったことを、信号が知らせたのである。しかし、この発明品、つまり電信機は採用されなかった。

　電信が初めて商業使用されたのは1838年のことで、グレート・ウェスタン鉄道のパディントン駅とウェスト・ドレートン駅の間に21kmにわたり5針6導線の電信機が導入された。当初ケーブルは鋼の電線管に入れて地下に埋設されたが、まもなく不適切な状況下で腐食したため、代わりに電柱を立て、その間に裸の電線を渡した。1843年に路線がバークシャーのスラウまで延長された際には、1針2導線のシステムが導入された。

　電信機が電気インパルスをダイヤ型の格子に送ると、2本の針が文字を指す。導線の数と針の数は等しく、それによって通信できる文字の数が決まる。初期のモデルでは5本の磁針が使用された。電気を流すと電磁誘導が起こり、磁針がわずかに左か右に振れる仕組みだ。送信側は、バッテリーのプラスとマイナスの端子にコイルをつなげたボタンのうち2個を操作する。受信側では、送信側の操作に対応する2本の針が電流によって振れ、その指し示す方向の交点にあるのが送信側の意図した文字になる。

　1867年までに、6本目の導線が加えられ、それによって新たに数字を示すことができるようになった。まもなく、鉄道の操作者が使用できるように、「停止」といった言葉もコード化して加えられた。

　技術が向上すると、ロンドンを起点とする新たな鉄道はすべて電信を導入した。ブラックウォール・トンネル鉄道は1840年に開通した際、クックとホイートストンの電信を導入し、全国の他の鉄道もこれにならった。

　鉄道のシステムを効率よく運行するためには、列車を時刻表に従って運行しなければならない。電信が導入される以前は、それはほぼ不可能だった。国内のさまざまな場所ごとに、その地の日の出と日没を基にした時計で運行されていたからである。電信が発明されたおかげで、グリニッジ標準時を国中に定着させ、ニュースを広範囲にすばやく伝えることができるようになった。鉄道に関することばかりではない。1845年、殺人の容疑者ジョン・タウェルが逮捕されたのは、列車に乗車している彼を下車後に逮捕してほしいという電信が、スラウからパディントンに送られたからである。この事件はセンセーションを巻き起こし、一般大衆に電信の驚異を知らしめた。

グレート・ウェスタン号

079

イザムバード・キングダム・ブルネル｜イングランド、ブリストル｜1838年

グレート・ウェスタン号は、大西洋横断用に設計された、
蒸気を動力としたオーク造りの外輪船である。
1837年から1839年の時点で世界最大の客船で、
この船の導入は海運の世界に大きな変化をもたらすきっかけとなった。

1830年代半ば、ブリストルとニューヨークを結ぶ効率の良い海上輸送の需要は大いに高まっていた。多くの人々はそういった役割に大型船は向かないと考えていたが、イザムバード・キングダム・ブルネル(1806～59)の考えは違った。船の積載量がその容積の3乗に比例して増加するのに対し、船が受ける抗力は、容積の2乗に比例して増大する。要するに、大型船のほうが燃料効率がよいのだ。これは長期の航海においては非常に重要だった。

1836年、ブルネルは友人グループと協力して、長距離輸送を行うグレート・ウェスタン蒸気船会社を設立した。彼らが最初に建造した船がグレート・ウェスタン号である。帯状の鉄で補強したオーク製船体の外輪つき蒸気船だ。4本のマストには補助の帆をつけることもできた。これらは推進力を追加できるだけでなく、荒れた海で船が安定するのを助ける役割もあった。問題は、外輪が水から出ていると前進が妨げられるだけでなく、エンジンに余計なストレスがかかる点だった。

パターソン＆マーサー社によってブリストルで建造されたグレート・ウェスタン号は、1837年7月19日に進水した。モーズリー・サンズ＆フィールド社のサイドレバー蒸気機関を搭載し、ブリストルからロンドンに向かった。これらは当時にしては強力なエンジンで、750馬力あった。

グレート・ウェスタン号は就航した際には世界最大の蒸気船だったが、1年後、その地位をライバルであるブリティッシュ・クイーン号に奪われた。グレート・ウェスタン号はブリストル・ニューヨーク間を全部で45回横断し、大西洋を最速で横断した船に与えられるブルーリボン賞を1843年まで受賞している。しかし8年後、船主が事業から撤退したため、1847年にロイヤル・メール・スチーム・パケット社に売却され、西インド諸島との往復に使用された。その後クリミア戦争で軍隊輸送船として使われたのち、1856年にロンドン、テムズ川沿いのミルバンクにあるキャッスルズ・ヤードで解体された。

▼この版画には、オーク製船体のグレート・ウェスタン号がジェームズ・ホスケン少佐を船長として、「ブリストルからニューヨークに向けて出航」した様子が描かれている。1837年から1839年にかけて世界最大の客船で、イギリス・アメリカ間を横断するために建造された。
New York Public Library Digital Collection

加硫ゴム

チャールズ・グッドイヤー｜アメリカ、ウーバン｜1839年

1800年代半ば、温度にかかわる製品特有の弱点のせいで、ゴム産業は破綻の瀬戸際にあった。チャールズ・グッドイヤーがゴムの加硫処理を発見したことで、一夜のうちに事態は大きく変わった。

ゴムの木の樹液から作られるゴムは、南米の先住民には古くから知られていた。オルメカ人やアステカ人はさまざまな目的で何世紀にもわたりゴムを利用していたが、自然のままのゴムには大きな欠点があった。高温だと溶けてしまい、低温だとひび割れてしまう。温度によって変性しやすいのだ。多くの投資家がこの産業に資金援助していたが、変性に関する問題が広く知られるようになると、ゴム産業は崩壊寸前に追い込まれた。

この欠点を知ったチャールズ・グッドイヤー（1800～60）は、解決法を見つけようと躍起になった。長年にわたり実験を繰り返したせいで、家族は莫大な借金を負った。研究費用が得られる場所を求めて各地を転々とし、家でも、借金が返済できなくて入れられた監獄でも、ゴムの問題を解決するためにさまざまな調合物を混ぜ合わせ、いつ終わるとも知れない探求に数えきれないほどの時間を費やした。答えになりそうなことはいろいろ考えついたが、なんらかの理由で失敗に終わった。

マサチューセッツ州ウーバンのイーグル・インディア・ラバー社で働いていたとき、彼はようやく突破口を見出した。何かの拍子で熱いストーブの上にあったゴム製品に硫黄をかけてしまったのだ。これにより加硫処理が発見された。この処理を正しく行うには数年かかったが、最終的に成功し、1844年、彼は特許を取得した。これによりゴム産業は差し迫った危機を免れ、ライフジャケット、乗り物のタイヤ、消しゴム、手袋、ゴムボールなど、さまざまな新製品が製造された。彼はその後他の製造業者とライセンス契約することで、多くの富を得た。残念なことに、こういった成功にもかかわらず、彼は財産をすべて、いやそれ以上に失った。さまざまな特許侵害訴訟を戦ったためである。1860年に59歳で亡くなった際にも、まだ多額の借金が残っていた。

◀チャールズ・グッドイヤーの加硫処理のおかげで、それまではコストがかかりすぎたり、作るのが不可能だったりしたものが作れるようになった。写真は彼の工場内部で、ボートと浮きが見える。
Library of Congress

◀W.G.ジャックマンによるチャールズ・グッドイヤーの肖像。イギリスの発明家トマス・ハンコックが彼のアイデアを使ってイギリスで特許を取ったり、専門的な問題でフランスの特許が取り消されたりしたことで、グッドイヤーは経済的には成功しなかった。

ペダル式自転車

081

カークパトリック・マクミラン｜スコットランド、ダンフリース｜1839年

自転車の起源は何世紀も前に遡るが、
機械仕掛けで進むものが発明されたのは、
1839年になってからのことである。
それ以降、サイクリングはさまざまな段階を経て、
今日も変わらぬ人気を保ち続けている。

自転車を誰が発明したかについては永遠に論争が尽きないことだろう。ロバート・フック（1635〜1703）が1600年代末に初めて自転車を考案し、車輪のついた乗り物でロンドンの通りを走り回ったという文献もある。十分な資料が残されている自転車の祖先は、1817年に作られたドイツの「ドライジーネ」だ。しかしこれは地面を足で蹴って進む乗り物である。多くの類似品が製造され、「ホビーホース」と呼ばれた。ペダルをこぐことによって進む本物の自転車は、おそらく1839年にスコットランドの鍛冶屋カークパトリック・マクミラン（1812〜78）が作ったのが最初だろう。これについても詳細は不明だが、自転車発明の功績は彼にあると広く認められている。

彼が組み立てた自転車は木製で、木の車輪に鉄製の縁がついていたと言われる。前輪は左右に動かすことができ、もっと大きな後輪は連結した棒によってペダルから動力を得た。自転車はとても重く、前方につけられたペダルを前後に往復させて運転した。

1842年のグラスゴーの新聞には、独創的なデザインの「ヴェロシペード」（当時の自転車の呼び名）が歩行者を転倒させ、運転者は事故を起こした罰金として5シリングを支払った、という記事が掲載されている。ジョンストンというマクミランの子孫は、新聞種になったのはマクミラン本人だと主張している。もっとも、これが事実かどうかは不明なままだ。

マクミランは自分のアイデアで特許を取得しておらず、もうひとりの発明家、ラナークシャー、レスマハゴーのギャヴィン・ダルゼルが1846年にマクミランの自転者を真似して広く売り出したため、彼が自転者の発明者だろうと長く考えられてきた。しかし最近ではマクミランの名が復活し、今のところは彼が発明者ということになっている。

▶ダムフリース＆ギャラウェイ州、ペンポント、キール・ミルのコートヒル鍛冶場に掲げられているカークパトリック・マクミランの銘板。
Rosser1954/WikiCommons(CC BY-SA 4.0)

▲ペダルを動かして移動する最初の自転車。1839年にカークパトリック・マクミランというスコットランド人の鍛冶屋によって作られたらしい。写真の自転車は発明から約20年後に作られたと思われる。歯車がないことを補うために後輪が大きい。
Getty Images 613463800

蒸気ハンマー

フランソワ・ブルドン、ジェームズ・ナスミス｜フランス／スコットランド｜1840年

蒸気ハンマーは工学技術の深刻なジレンマに応えて発明された。かつてないほど大きな機械を日常的に製造するにはどうすればいいかという問題を、蒸気ハンマーは効率よく安価に解決した。

ジェームズ・ホール・ナスミス（1808～90）はスコットランド人技師兼発明家で、ブルネルのグレート・ブリテン号（144ページ参照）の建造を担当した技師のひとりから、外輪のシャフトを鍛造するのに十分な大きさのハンマーがないという話を聞いた。その段階では船を外輪で動かす予定だったので、適切な大きさのドライブシャフトが必要だったのだ。この問題に興味を持ったナスミスは、1839年11月24日付でスケッチブックに蒸気を使ったハンマーの案を作成した。しかしこのアイデアは当面必要とはされなかった。スクリュープロペラが進歩したことで、ブルネルが外輪の使用をやめたからである。

同じ頃、フランスの技師フランソワ・ブルドンも同じ問題に取り組んでいた。彼は1840年、世界初の動く蒸気ハンマーをルクルーゾーのシュナイダー社の工場で組み立てた。重さ2500kgで、ハンマーを2m持ち上げられる頑丈な機械だった。1842年にそのハンマーが動いているのを見たナスミスは、ようやく自分の設計したハンマーの特許を取得し、組み立てた。当然のことながら、ふたりのどちらが先に発明したかについての論争が起こった。

優先権争いで悪いイメージが生じたにもかかわらず、ハンマーそのものは商業的に成功を収めた。より大きな部品の製造を可能にしただけでなく、品質を向上させ、コストを半分以上減らしたからである。優れた特徴のひとつは、ハンマーが打ちつける力を操作者がうまく制御できる点だった。そのおかげで非常に正確な作業が可能になった。小さなたくさんの部品を溶接して組み立てる必要がなくなったので、とくに船の錨のような大きなものの鍛造をずっと効率よく行えた。非常に短期間のうちに、ナスミスのハンマーは全国の工場で使用されるようになり、1856年までに490基という脅威的な数のハンマーが製造され、ヨーロッパからロシア、さらにはヨーロッパを越えてインドやオーストラリアの顧客に届けられた。

▼ジェームズ・ナスミスの発明した蒸気ハンマー。従来よりはるかに大きな製品を作れるようになっただけでなく、製造コストも減らした。その結果、商業的に大成功を収め、世界中に販売された。
Getty Images 463983697

スクリューパイルの灯台

083

アレクサンダー・ミッチェル｜イングランド、ランカシャー｜1840〜41年

スクリューパイルの灯台は、砂や土といった柔らかく変化しやすい地盤に
杭を打ち込んで建てられる。川床や海床に文字通りねじ込まれる。

スクリューパイル工法の灯台は、盲目のアイルランド人技師アレクサンダー・ミッチェル（1780〜1868）の着想によるものだ。このタイプの灯台は、川や海の底深くに広い刃のついたスクリューを打ち込んで固定される。この灯台は波の高い場所には建てられず、川のデルタのように、警告灯が遠くから見える必要のない場所での利用が見込まれた。1833年、アレクサンダー・ミッチェルとその息子は、鍛鉄のスクリューパイル灯台の設計で特許を取得した。

1838年、最初のスクリューパイル灯台の建設が、テムズ川の河口、ファウルネス島北岸の危険な干潟で始まった。ミッチェルのスクリューパイルのアイデアを利用して、トリニティ・ハウス［イギリスの灯台管理機関］の技師、ジェームズ・ウォーカーが設計した。

マプリン・サンズ灯台と呼ばれるこの灯台は、中心に1本、周囲に8本、計9本のスクリューパイルが使用され、鋳鉄製のすじかいで支えられている。この上に八角形の木製のデッキが建設され、そこに主任管理者とふたりの助手用の居住施設が造られた。共用スペースとして、3つの寝台を備えた寝室、居間、台所、倉庫が設けられた。この上に明るい赤信号を備えた高さ21mの塔が建てられた。固定されたランプは高さ11mの位置に取りつけられ、16km離れた場所から見えた。灯台の片側には旗竿、海側には136kgの霧警報の鐘が取りつけられ、霧が出ると10秒ごとに1回鳴ら

▼マプリン・サンズ灯台の略図。
WikiCommons

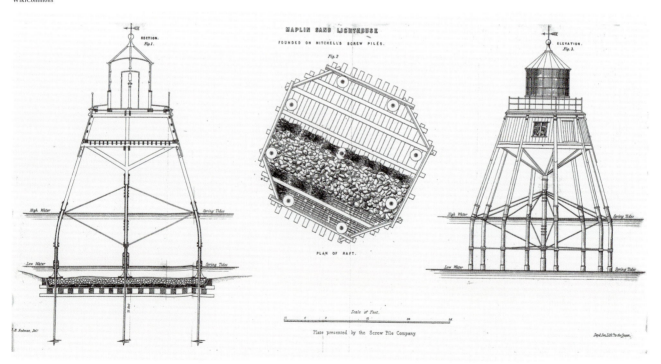

された。灯台は1841年に初めて点灯されたが、容赦ない潮流とテムズの流れで土台が傷み、1932年に押し流された。

マプリン・サンズ灯台は着工こそ早かったが、稼働した最初のスクリューパイルの灯台ではない。その栄誉は1840年にモアカム湾の端に建てられた、ランカシャー、フリートウッドのワイア灯台のものだ。岸から3.7km沖にあるワイア灯台は、ワイア川の河口に流れ込むフリートウッド水路の砂州、ノース・ワーフ・バンクに建っている。着工はマプリン・サンズ灯台よりもあとだったが、ずっと早く竣工し、明かりも早く点った。これもミッチェルの設計で、彼の会社が建設した。

この灯台は中央に1本、周囲に6本の計7本の鋳鉄製の杭が使用され、上部に六角形のデッキが造られている。長さ4.8mの各杭には鋳鉄製の直径1mのスクリューが取りつけられ、それが砂に埋め込まれている。デッキには2階建ての建物が建っていて、管理人たちの住居になっている。六角形の主室は差し渡し6.7m、高さ2.7mで、暖炉のついた居住区と寝室に分かれている。

建設は1839年に始まり、点灯されたのは1840年6月6日だ。満潮時の明かりの高さは9.4mで、12.8km離れた場所からも見える。霧鐘は3.2km先まで聞こえる。残念ながらこの灯台は1948年に火事になり、再建はされていない。

スクリューパイルの灯台は世界中、とくに従来工法の灯台を建設しにくい、浸食作用や砂の移動のある場所で人気だ。
▲サンド・キー灯台は断続的に砂に埋もれる岩礁に建っており、1853年に完成した。ハリケーンを生き延び、2015年まで使用されていた。
United States Navy, James Brooks
▼メリーランド州アナポリス近くのチェサピーク湾に建つトマス・ポイント・ショール灯台。もとは石造りだったが、浸食されたためこのスクリューパイルの灯台になった。1877年に稼働し始め、1986年に自動化されたことを除けば、今も変わらぬ姿で建ち続けている。
Shutterstock

089 | スクリューパイルの灯台　　139

クロトン配水池

084

ジョン・ジャーヴィスとジェームズ・レンウィック ｜ アメリカ、ニューヨーク ｜ 1842年

この配水池から、きれいで安全な飲料水が初めて都市全域に供給された。

マレー・ヒル配水池とも呼ばれるクロトン配水池は、マンハッタンの5番街と6番街の間、40丁目から42丁目に位置し、19世紀のニューヨーク市民にきれいで安全な飲料水を供給するために建設された。それまで市民が頼りにしていたのは、ため池、湧水、井戸、集めた雨水などである。しかし19世紀にニューヨークの人口が急増すると、汚染された不衛生な水によって黄熱病やコレラといった病気が発生するようになった。飲料に適したきれいな水の供給は急務であり、さらに、都市で成長しつつある産業が機能するためにも、莫大な量の水が必要だった。

クロトン配水池は、ウエストチェスター郡北部のクロトン川から水を引いた。工事は1837年に始まり、完成まで5年を要している。全長65kmにおよぶ鉄の導水管をレンガで覆い、地下を複雑に走らせてはるばるニューヨークまで到達させるという計画だ。導水管はハイ・ブリッジを使って173丁目でハドソン川を渡り、それからマンハッタンの西側に下り、当時ヨークヴィルと呼ばれて

▼クロトン配水池は新鮮な水を引き込み、貯水し、ニューヨーク全域に届けた。堂々たるエジプシャン・リバイバル様式で設計され、上部の遊歩道からは街のパノラマのような景色を眺めることができた。
New York Public Library Digital Collection/WikiCommons

▲1855年のエッチング。ふたつの貯水槽と周囲をとりまく広い遊歩道が見える。35年間使用しただけで時代遅れになった。
New York Public Library Digital Collection/Wiki Commons

いたエリアでクロトン配水池に流れ込んだ。

　この堂々たる建物は技師ジョン・ジャーヴィス(1795〜1885)と建築家ジェームズ・レンウィック(1815〜95)によって設計された。エジプシャン・リバイバル様式で、建築費はほぼ50万ドルを要したと記録に残っている。配水池の面積は約1.62haで、高さ15.25m、厚さ7.5mの花崗岩の壁で覆われていた。基部の厚さが5.8m、頂部の厚さが1.2mの花崗岩の壁で中央が仕切られ、水がふたつの集水プールに分割されていた。貯水槽は長さ550m、幅255mで、7500万Lの水を貯めることができた。毎日流れ込む数百万Lの水は、全長約275kmにおよぶパイプ網でニューヨーク全域に届けられた。

　周囲には頑丈な鉄の手すりのついた幅約6.1mの遊歩道が巡らされていた。ここからはニューヨークの街が一望でき、ロングアイランドやニュージャージーまで、パノラマのような景色を楽しむことができた。当時人気の散歩コースだったという。

　1842年7月4日の開所式には2万人の人々が訪れた。しかし1877年には配水池は時代遅れになり、解体すべきだという声が挙がった。ニューヨーク・タイムズはこれを「役立たずの、見るもおぞましい代物で、近隣の荒廃のもとだ」と述べている。配水池は1897年に閉鎖され、まもなく解体された。

ダルキー大気圧鉄道

085

サミューダ兄弟とサミュエル・クレッグ｜アイルランド、ダブリン｜1843年

蒸気牽引の鉄道が優勢になる以前、ほかにも代わりになる
推進力があることを、ダルキー大気圧鉄道は証明した。
たとえこの発明をもっとも大規模に利用したブルネルの試みが失敗だったとしても。

今日では、鉄道時代の発展を決定づけたのが蒸気機関だということは歴史が証明しているが、初期の鉄道計画にかかわった人々にとっては、蒸気機関の優位性はけっして当然のことではなかった。他の推進力を研究した先駆者もおり、もっとも有望だったもののひとつが大気圧鉄道である。蒸気機関車では勾配が急だと客車を引き上

▼ダルキー線の運行を調査し見学したのち、イザムバード・キングダム・ブルネルはその原理をサウス・デヴォン鉄道のエクスター・プリマス間に導入することを決めた。図はマクダーモットの『グレート・ウェスタン鉄道の歴史』に再録されたもので、大気圧鉄道が稼働する理論を示している。

Author's Collection

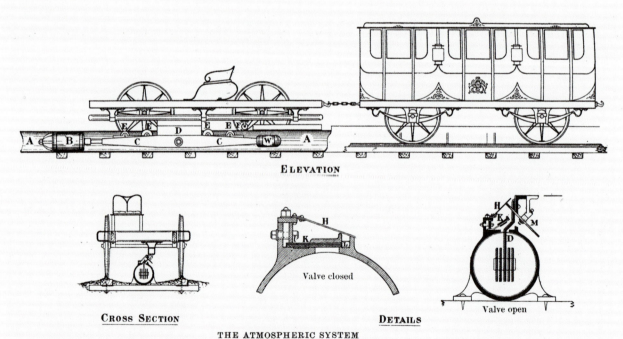

げられないのではないかという懸念があり、大気圧鉄道は蒸気機関に代わる推進手段として発展が見込まれていた。

　1834年に開通したダブリン＆キングスタウン鉄道はアイルランド初の鉄道である。しかし、3km弱という距離のダルキーに線を延ばすには、平均勾配1/110の斜面（もっとも勾配の急な場所は1/57だった）を上る必要がある。そこでジェイコブ・サミューダ（1811〜44）、彼の弟ジョセフ・ダグイラー・サミューダ（1813〜85）と仕事仲間のサミュエル・クレッグ（1781〜1861）が支持していた大気圧原理を世界で初めて採用することが決まった。彼らはスリット入りの鋳鉄製チューブをつなぐというアイデア（1838年に特許を取得した）を考え出した。スリットはチューブの気密性を保つために革製フラップで蓋がしてある。これは1840年にウエスト・ロンドン鉄道で800m以上の距離を走らせる実験を行い、2年間運行した。

　ダルキー大気圧鉄道にはチャールズ・ブラッカー・ヴィグノールス（1793〜1875）が技師として携わり、ウィリアム・ダーガン（1799〜1867）が工事を請け負った。大気圧の装置は、サミューダ兄弟とクレッグが提供した。鋳鉄製のパイプは直径380mmで、上り坂のある線だけに取りつけられた。下り坂は重力で下っていく。ダルキーに設置された100馬力の蒸気機関によってパイプ内が真空になると、外との気圧差によって推進力が生まれ、最高時速74kmで走ることができた。チューブはダルキー終着駅の512m手前で終わっているが、汽車は慣性で目的地に着くことができた。

　路線は1844年3月29日に正式に開通したが、運行を開始したのは1843年8月19日である。新たな鉄道には当時の技師が数多く見学に訪れた。なかでも特筆すべきはイザムバード・キングダム・ブルネル（1806〜59）だろう。彼はサウス・デヴォン鉄道を建設するにあたり、とくにニュートン・アボットからプリマスにかけての高低差の大きな区間について、解決策を求めていた。

　非常に感銘を受けたブルネルは、サウス・デヴォン鉄道に大気圧鉄道の原理を導入したが、1846年5月30日に最初の区間（エクセターからティーンマス）が開通するのには間に合わなかった。新たな装置による運行が初めて行われたのは、1847年9月13日になってからのことである。しかしダウリッシュの護岸堤防沿いでシステムの問題が判明した。砂と海水のせいで革製フラップが腐食

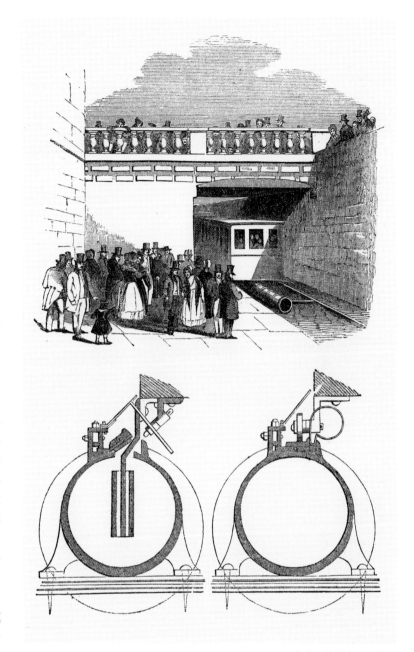

▲初期の鉄道技師は列車が勾配を上るのに蒸気では不十分だと考えていた。大気圧鉄道は蒸気に代わる候補だった。短命に終わった技術だが、世界で初めて実用化されたダブリンのダルキー大気圧鉄道では、10年間使用された。
Getty Images

し、真空を維持できなくなったのだ。使用を断念する決定がなされ、1848年9月10日を最後に運行は中止された。ニュートン・アボットの西からトネスに向かう区間は部分的に装置が取りつけられたものの、実際には使用されなかった。この区間を走った最新の蒸気機関車が、もっともきつい勾配を自力で上れることを証明したからである。

　大気圧理論はイギリスでは短命に終わったものの、アイルランドではダルキー線が成功した。この路線は1854年4月12日、軌間を1435mmからアイルランドの標準軌である1600mmに変更する際に閉鎖された。

グレート・ブリテン号

086

イザムバード・キングダム・ブルネル｜イングランド、ブリストル｜1843年

グレート・ブリテン号は大西洋を横断するために設計されたもう1隻の船である。
この船は1843年から1854年まで世界最長の客船だったばかりか、
イギリスからアメリカまで大西洋を横断した初の鉄製スクリュー推進船だった。

▼ロンドン＆ブラックウェル鉄道会社の終点、ブランズウィック・ワーフに停泊する「グレート・ブリテン号」。リチャード・ボール・スペンサーによる油彩。ロンドン、グリニッジの国立海洋博物館所蔵。イギリス国旗だけでなくフランス国旗とアメリカ国旗も掲げているのがわかる。絵が描かれた当時、王族の訪問があったのだと思われる。
National Maritime Museum, Greenwich

イザムバード・キングダム・ブルネル（1806〜59）のグレート・ブリテン号は、1843年の進水時、既存の船のなかでも群を抜いて最大の船で、1854年まで世界最長の客船であり続けた。グレート・ウエスタン蒸気船会社のウィリアム・パターソン（1795〜1869）が大西洋横断便のために建造させたこの船は、ブリストル・ニューヨーク間を定期的に往復した。大西洋横断のために初めてスクリュー推進器を採用した鉄の蒸気船で、1845年に14日で到着するという偉業を成し遂げている。スクリュー推進器を備え、しかも鉄の船体というのは、これも大型外航船としては初めてだった。全長98m、排水量3674t、原動力は2基のシリンダーを備えた2基の直動機関だった。各機関は内腔が220cm、ストロークが1.83mで出力は370kwだった。また、5本のスクーナー式帆装マストと、1本の横帆式マストを備えていて、これは補助動力源となった。甲板は4層あり、120人の乗組員の宿泊施設と、さらに360人の乗客用船室、それに加えて食堂と遊歩用のサロンが備えられていた。のちに収容可能人数が増えて730人が乗船できるようになり、1200tの貨物を

▲現在のグレート・ブリテン号。ブリストン港に係留され、完全に復元されたのち、展示されている。
Mattbuck/WikiCommons(CC BY-SA 4.0)

運ぶことができた。

　グレート・ウエスタン蒸気船会社にとっては不運なことに、この船は建造費用も桁外れに大きかった。予想された7万ポンドをはるかに超え、最終的に11万7000ポンドかかったのである。これにより会社は危うい状況に追い込まれたうえ、1846年にグレート・ブリテン号が航行ミスのためダンドラム湾で座礁すると、多額な離礁費用のせいで会社は廃業に追い込まれた。グレート・ブリテン号は1852年に売却されたが、その後修理され、長きにわたりオーストラリアへ何千人もの乗客を運んだ。1881年には時代に逆行して帆船に変えられたが、それから3年後、フォークランド諸島に送られて倉庫や検疫船や石炭庫として使用されたのち、1937年に船体に穴を開けて沈没させられた。そのまま放置されるかと思われたが、イギリスの事業家サー・ジャック・ヘイワードの寄付金でイギリスに曳航され、復元された。今ではブリストル・シティ・ドックに特別に建てられた屋外博物館で常設展示されている。

モールス符号

087

サミュエル・モールス｜アメリカ、マサチューセッツ｜1844年

サミュエル・モールス(と一般には名前が挙がらないアルフレッド・ヴェイル)が考案した、
短点と長点からなる単純な電子システムによって、
歴史上初めて、遠く離れた場所とほぼ瞬時に通信することが可能になった。

離れた場所と通信するために、昔は馬や伝令、あるいは直接見える方法としては旗信号(手旗信号など)やのろしといった方法が取られた。産業革命が起こり、電気の発見や利用が進むと、まったく新しい形の情報伝達が可能になり、多くの自称発明家が迅速な情報伝達のために、新たな技術を利用したシンプルかつ効果的な方法を考案しようとした。

　最初の一歩を踏み出したのはアレッサンドロ・ボルタ(1745～1827)である。彼は電流を貯え管理できる電池を発明した。その後ハンス・クリスティアン・エルステッド(1777～1851)が磁力と電流の関係を明らかにしている。1830年代初頭、才能豊かな肖像画家として成功したサミュエル・モールス(1791～1872)は、大西洋の両側で答えを見出そうと努力する多くの発明家の列に加わった。そして電磁気の実験によって躍進を遂げた。彼は教授のレナード・ゲール(1800～83)や、アルフレッド・ヴェイル(1807～59)と協力して、最終的に単一回路の電信機を発明した。これは電線を使って電気信号をもう一方の側にいる受け手に送るというものだ。メッセージは一連の電子パルス、つまり長点と短点となって電線を伝って送ら

◀サミュエル・F.B.モールス。画家として名を成していたが、妻の死がきっかけで電信にかかわることになる。独立戦争の英雄ラファイエット(当時アメリカ24州を歴訪していた)の肖像をワシントンで描いていたモールスは、ニューヘヴンにいた病弱な妻の死にも埋葬にも間に合わなかったのだ。妻の急死で、彼は長距離通信の実験を開始することになった。

Library of Congress

▼初期のモールス符号の通信機。操作者は信号の送受信にすぐに熟練したため、明確に聞こえるよう機械の打音が大きくされた。
Getty Images

れる。長点と短点の組み合わせで文字が表され、それが集まって言葉が組み立てられる仕組みだ。

モールスの電信には電線、電柱、電鍵、バッテリー、そして両側に送信者と受信者が必要だった。1843年に議会での実演が成功し、モールスとヴェイルはワシントンD.C.とメリーランド州ボルチモアの間に全長60kmの実験用電信線を敷設する資金3万ドルを受け取ることができた。最初のメッセージ「What hath God wrought !（神のなせし業）」は、1844年5月24日に送信された。まもなく電信網はアメリカとヨーロッパ全域に広がった。

当初モールス符号のメッセージは、受信者が紙に符号で書き留め、あとから文字と言葉に書き起こしていたが、やがて操作者が熟練すると、わざわざ書き起こさなくとも簡単に文字として識別できるようになった。それで理解しやすくするために、打音がもっと大きく明確にされた。

1847年に電信の特許を取得したところ、モールスはすぐにライバルや投資家からの数多くの訴訟に巻き込まれた。1854年、アメリカ最高裁はオライリー対モールスの特許訴訟で、モールスが最初に実用的な電信を開発したという判決を下した。

大西洋横断ケーブル（166ページ参照）が敷設されたおかげで、1866年にはアメリカ・ヨーロッパ間の情報伝達がモールス符号を使って迅速に行えるようになった。

ハウのミシン

088

エリアス・ハウ｜アメリカ、ケンブリッジ｜1844年

ハウのミシンは、本縫いができる最初のミシンだった。以来、衣類、靴その他の布製品は迅速かつ経済的に大量生産できるようになった。この新機軸は世界中で何百万もの新たな雇用を生み出した。

エリアス・ハウ(1819〜67)はマサチューセッツの織物工場で見習いとして働き始めた。縫物をする機械は、他の人々がすでに設計したり特許を取得したりしていたが、それらはみな布の下で作ったループに糸を通していく、チェーンステッチのような単環縫だった。1本の糸で縫われていたので、糸が切れると縫い目が解け、縫った部分が次々とほどけてしまいかねない。布が離れないようにしっかり縫い合わせるという本質的な問題をきちんと解決できた者はいなかった。

ハウは縫い目がほころびないように糸を固定する方法を考案したことで飛躍的な進歩を遂げた。本縫いと呼ばれるこの方法は、上糸と下糸という2本の糸と、先端に穴の開いた針を使って縫う。

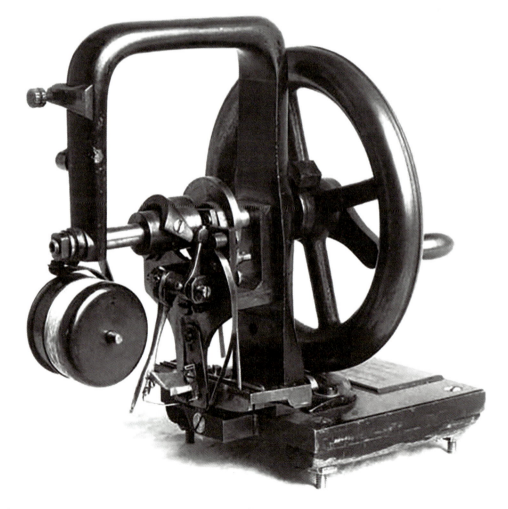

▶ハウの前にも多くのミシンが考案されたが、上糸と下糸を使って本縫いができるミシンは彼のものが初めてだった。
New York Public Library Digital Collection/WikiCommons

▲コネチカット州ブリッジポートにあったハウのミシン工場。1870年代に撮影されたステレオ写真。
New York Public Library Digital Collection/WikiCommons

上糸を通した針が布を貫通すると、布の下にあるボビンの働きで上糸が作ったループの中を下糸が通る。針が上にもどると、糸が締まり、きれいな縫い目のラインが残る。糸が切れてもほころびることはない。この単純だが効率のよい仕組みができたのは、ハウが新たな3つの工夫をこらしたおかげだった。自動送り装置、先端に穴の空いた針（それまでの機械は手縫い用の針と同様に針のお尻に穴があった）、そして布の下で上糸のループをつかまえて本縫いの形にするボビンだ。

テストしてみると、手縫いをする者は1分間に平均23目縫う。それに対しハウのミシンを使うと640目縫うことができた。キャラコのワンピースは手で縫うと約6時間半かかったが、ミシンを使えば1時間もかからない。衣料産業に大変革がもたらされた。

1846年9月、エリアス・ハウは「ふたつの異なる箇所から出た糸を使うプロセス」としてアメリカでミシンの特許を取得した。しかしそれからまもなく、特許侵害でアイザック・メリット・シンガーと仲間の発明家ウォルター・ハントを訴え、1849年から1854年までの長きにわたり争うことになる。彼らが厚かましくも非常によく似た本縫いミシンを製造していたからだ。最終的にハウが勝利し、シンガーはI.M.シンガー商会の利益をハウに配分し、他の模倣品の製造者同様、かなりの額の特許権使用料を支払うことを求められた。

これ以降、ハウは他の製造者にライセンスを発行して特許の使用を許可した。1856年からはアメリカで売られたミシン1台につき5ドルの特許権使用料を徴収している。そのおかげで彼はたいへん裕福になった。

1863年、ハウは手回し式のミシンを改良し、足で動かす仕組みを設計した。彼のミシンは軽工業にとっても家庭にとっても、手の届きやすい価格になった。

◀エリアス・ハウは1851年にファスナーの特許も取得したが、実用化には踏み切らず、20世紀初頭にギデオン・サンドバックが設計を完成させた。
Library of Congress

088 | ハウのミシン 149

アルバート・ドック

089

ジェシー・ハートリーとフィリップ・ハードウィック｜イングランド、リヴァプール｜1845年

リヴァプールのアルバート・ドックの完成によって、ヴィクトリア時代のドックは
絶頂期を迎えた。ドックは世界初の完全耐火性の倉庫を備え、
水圧式クレーンを初めて導入した。

▼1841年に建設許可の下りたアルバート・ドックは、ジェシー・ハートリーと建築家フィリップ・ハードウィックが協力して開発した。倉庫は可能な限り耐火性の高い建物を目指して計画・設計され、レンガと石と鋳鉄で建設された。建物のなかでとくに目立っているのは堂々たる鋳鉄製の柱だ。
Peter Waller

19世紀にリヴァプールの港で使われていた湿ドックは、貿易（原料の輸入と製品の輸出の両方）が飛躍的に伸びたため、大きく拡張されていた。この時代に建設されたドックのひとつがアルバート・ドックである。

1824年から1860年にかけてリヴァプールのドックの発展に重要な役割を果たしたのは、ジェシー・ハートリー（1784〜1860）である。当時彼はドック会社の最高責任者を務めており、ドックと倉庫を組み合わせたシステムの初期計画を立てていた。ドックと倉庫を隣接させれば、船は直接荷の積み下ろしができるし、それによってドックや港で深刻な問題となっていたこそ泥を減らすこともできる。1828年にオープンしたロンドンのセントキャサリン・ドックは、この考えを採り入れた最初のドックだった。

　しかし、ハートリーがリヴァプールで考えていたのは、もっと野心的な試みだった。計画に協力したのはフィリップ・ハードウィック（1792〜1870）である。彼はおそらく今ではロンドンのユーストン・アーチ（解体された際には非常に悲しまれた）の建築家として名高い。ハートリーは可能な限り耐火性の高い倉庫にしようと強い意欲を示していた。さまざまに検討を重ねたのち、彼は新たな倉庫をレンガと鋳鉄と花崗岩と砂岩で建てることに決めた。その結果、木造部を一切含まないイギリス初の建物、そして世界初の不燃性倉庫が完成した。

　法令による許可が下りたのち、国王の認可を得たアルバート・ドックの建設工事は1841年に始まった。完全に工事が終了したわけではなかったものの、1846年、プリンス・アルバートによる開所式が行われた。倉庫の設計に不可欠だったのは、高さ4.5m、外周4mの重厚な鋳鉄製の柱である。また、世界で初めて水圧式クレーン（152ページ参照）が導入されたのも、新たな倉庫の特徴のひとつだった。

　ドックが四方を倉庫で囲まれた設計になっているのは、タバコや絹やブランデーといった高価な荷物を安全に積み下ろしするためだったが、アルバート・ドックの全盛期は比較的短かった。

　ドックは1000tまでの帆船を想定して設計されていたので、もっと大きな船では入口が狭く、ドックに近づくのは無理なことが判明したのだ。19世紀末には帆船は蒸気船に取って代わられ、船はどんどん大型化していった。1920年代の末までにドックそのものの商業利用はほとんど終わったが、倉庫は商品を前倒しで保管するために使われ続けた。

　第二次世界大戦時に受けたダメージとドックの所有者マージー・ドックス＆ハーバー・ボード

▲ドックに関しては、こそ泥を減らすため、できるだけセキュリティの高い設計にすることが求められた。
Peter Waller

の経営不振により、1972年にドックと倉庫は最終的に閉鎖され、（複合施設が1952年に1級指定建造物に加えられたにもかかわらず）もはやこれまでと思われた。再開発の計画は水泡に帰したが、その後1981年にマージーサイド開発会社が設立されたことで複合施設に新たな未来がもたらされた。今日アルバート・ドックは、テート・リヴァプール美術館やマージーサイド海事博物館といった名所の集まる重要な観光スポットとなっている。

水圧クレーン

ウィリアム・アームストロング｜イングランド、ニューカッスル｜1846年

水圧クレーンは水力を利用して、
より速くより大きな揚力をより少ないコストで供給した。
導入後、とくに造船所や鉄道で人気を博し、
アームストロングの会社は1900年まで
年平均100基のクレーンを製造した。

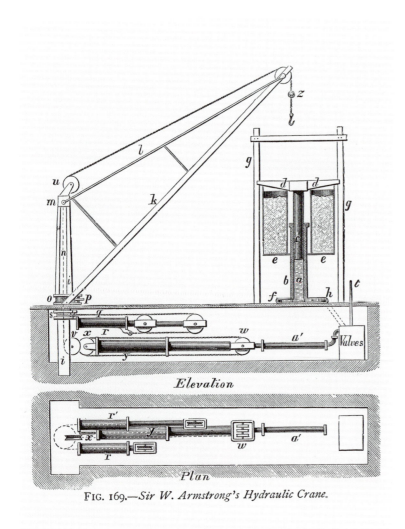

▲ウィリアム・アームストロングの水圧クレーンの主要部分。立面図と平面図。

　イギリスの実業家ウィリアム・ジョージ・アームストロング（1810～1900）が水圧クレーンの開発を思い立ったのは、釣りに出かけた際、大理石の採石場で動く水車を見たことに端を発する。水車のあまりの効率の悪さに驚いた彼は、まずは水で動く回転式発動機を開発した。これはあまり注目を集めなかったので、次にピストン式発動機を製作した。その成果に元気づけられたアームストロングは、動力を何に使うべきか、あれこれと考え、水圧クレーンの構想を固めた。

　ニューカッスルの家々に遠く離れた貯水池から水を引くことが決まると、アームストロングは計画に加わった。余剰な水圧があることを知った彼は、波止場に水圧クレーンを設置したいと地元の会社に申し出た。そうすれば従来のクレーンよりも船から速く安価に荷下ろしできるというのである。何度か議論したのち、会社は承諾した。クレーンの性能の良さが認められると、さらに3基が追加で設置された。アームストロングは大きな商機ありと見て弁護士を辞め、W.G.アームストロング商会を立ち上げると、ニューカッスルに近いエルズウィックの川沿いに2万2000m²の土地を買い、工場を建設した。

　工場の操業開始からまもなく、水圧クレーンはエジンバラ＆ノーザン鉄道やリヴァプールのドック（150ページ参照）に納品された。また、グリムズビーのドックのゲートを操作するための水圧機械も受注した。水圧クレーンの有効性が評判に

◀現存する唯一のアームストロング・ミッチェル社の水圧クレーン。1883年から1885年にかけてイタリア、ヴェネチアの兵器庫に設置された。残念ながら修復しなければ倒壊する危険がある。
Jakub Hatun/WikiCommons(CC BY-SA 4.0)

なると、会社には問い合わせが殺到し、1850年には45基のクレーンを販売した。この数字は1852年までに75基に伸び、年平均100基を1900年まで売り上げた。会社はこの地方の主要な就職先となり、1850年には地元から300人を雇用していた。だがこれは始まりにすぎなかった。1863年には従業員は3800人を超えた。

会社の成長を推進したのはクレーンだったが、橋の建設も受注した。さらに、アームストロングは水圧が十分でない場合に水力を供給する方法も考案した。これは要するに給水塔で、のちに、水圧アキュムレーターとなった。

ブリタニア橋

091

ロバート・スティーブンソン｜ウェールズ、メナイ海峡｜1846〜50年

メナイ海峡に架かる
スティーブンソンの大きな橋は、
ロンドン・ダブリン間の連絡を向上させるために
必要不可欠な接続路となっただけでなく、
錬鉄は適切に使えば大規模な建設に
適しているということを証明してみせた。

メナイ海峡にテルフォードの吊橋（116ページ参照）が建設されたのち、次世代の技師、ロバート・スティーブンソン（1803〜59）は、チェスター＆ホリーヘッド鉄道を通すため、本島とアングルシー島の間に鉄道橋を建設することになった。そして同様の難題に直面する。

道路橋と同じくスティーブンソンの鉄道橋も、完全に装備した海軍艦艇が妨げられずに海峡を通過できる構造にしなければならなかった。そしてこのブリタニア橋（中央の石の橋脚が海峡の中央にあるブリタニア岩礁の上に建っているため、そう呼ばれた）には、複線軌道を敷くことになっていた。

橋は石造りの橋台2基と石造りの橋脚3基からなっていた。その間に鋲で固定された2本の錬鉄製箱型チューブが並行して渡され、軌道はチュー

▼メナイ海峡にかかるブリタニア橋は、1846年から1850年にかけてチェスター＆ホリーヘッド鉄道のためにロバート・スティーブンソンが設計し建設した。アングルシー島側から海峡を臨むこの1860年代の写真には、両橋門をライオンの彫像が番をするオリジナルの橋が写っている。
Francis Bedford/The Marjorie and Leonard Vernon Collection, gift of The Annenberg Foundation, acquired from Carol Vernon and Robert Turbin/LACMA

▲スティーブンソンの橋は1世紀以上使用されたが、1970年5月の火災で致命的な損傷を受けた。写真は鉄道橋の上に道路橋を設けた2層式の新しい橋。
WikiCommons

ブの中を通る。ふたつある中央径間はそれぞれ長さ140m、両端の側径間はそれぞれ長さ70mあった。その結果、橋の鉄製部分は461m、各チューブの重さは約1500tになった。ブリタニア橋が計画された時点で、過去に建設された錬鉄製径間は最長でもわずか9.6mだった。

以前よりも錬鉄部分の長さを伸ばそうと考えたスティーブンソンは、著名な技師でスティーブンソンの父とも仕事をしたウィリアム・フェアベーン(1789〜1874)に助言を求めた。フェアベーンはイートン・ホジキンソン(1789〜1861)に協力を要請し、スティーブンソンはふたりのおかげで、自らの提案した設計に科学的な裏づけを与えることができた。フェアベーンは「入念な設計の結果、桁はそれ自身を支えることもできるし、さらに列車の重さを支えることもできる」と明言した。

1846年4月10日に橋の礎石を据え、工事が開始された。1850年3月5日にスティーブンソン自身が最後の鋲を打ち込んで、1850年10月21日に鉄道運行が開始された。フェアベーンの調査が綿密だったことは、機関車や列車の重量が増したにもかかわらず、橋が長年にわたり損なわれることなく存続し続けたという事実によって証明された。しかし1970年5月23日に火災が発生し、錬鉄製のチューブは致命的な損傷を受けた。石造りの橋脚は再利用が可能だったが、チューブは使用不能で、径間は新たなものに取り換えられた。新しい橋は2層式で、下の鋼鉄製の層は鉄道橋として使用され、上のコンクリートの層は古いメナイ吊橋の負担を軽減するために道路橋として使用される設計だ。この工事は最終的に1980年に完成した。

コーリスの蒸気機関

092

ジョージ・H・コーリス｜アメリカ、プロヴィデンス｜1849年

回転弁が定置蒸気機関の熱効率を大きく向上させた結果、
水力を利用するよりもかなり経済的になった。蒸気機関を使用する製造業は、
もはや流水や水車用貯水池に近接している必要がなくなった。

ジョージ・ヘンリー・コーリス（1817～88）は弁の開閉するタイミングを変えられる独立した回転弁を導入したことで、蒸気機関の効率を改善した。彼は蒸気でピストンの各側に迅速に加圧し、蒸気が液化しないうちにピストンを往復させることのできる（これができなければ、機関は熱を奪われて遅くなり、動力が弱まる原因になる）弁を発明したのだ。

コーリスは1849年3月に弁装置の特許を取得した。特許の書類には、装置の両端に吸気と排気のための滑り弁を個々に備えた垂直シリンダービーム機関、とある。また、弁の動きをひとつの偏心器から4つのエンジン弁まで伝える揺り板と、可変の開閉装置を備えたトリップ弁の使用についても記されていた。彼の機関は蒸気を遮断する装置を用いたことで従来の機関より平均約30パーセ

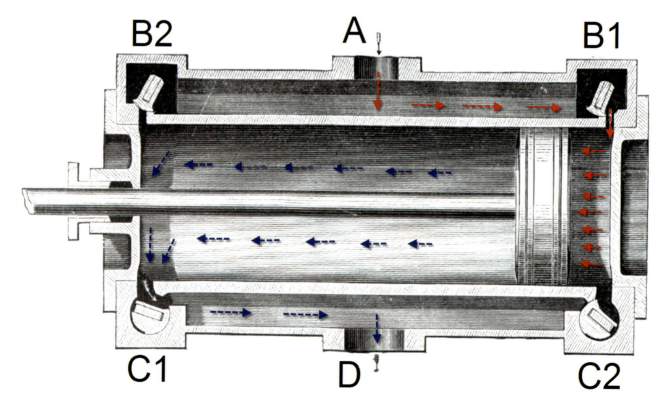

▲「アメリカのジェームズ・ワット」と呼ばれるジョージ・H・コーリスは、蒸気技術の効率と機械の細部を大きく改良した。このコーリスの弁装置の略図は高圧蒸気（赤）と低圧蒸気（青）がシリンダー内を動く様子を示している。ストロークごとに4つの弁が交互に開閉し、ピストンを往復させる。
Marcbela/WikiCommons(CC0)

▲ロードアイランド州、イーストグリニッジのニューイングランド・ワイヤレス＆スチーム博物館に展示されているコーリスの蒸気機関。1870年代にコーリス・プロヴィデンス・エンジン・ワークスで建造された数少ない現存する蒸気機関のひとつ。
The-Daffodil/WikiCommons(CC BY-SA 4.0)

ント燃費を高めた。コーリスの最初の蒸気機関は、各シリンダーに吸気弁と排気弁がふたつずつついていた。彼はまた弁の開閉を速めるためにバネを導入した。これで弁を独立して管理することができるわけだ。また、蒸気漏れを防ぎ、シリンダーと弁が急激な温度変化にさらされず、効率も失われないということを意味した。

コーリスの弁装置によって、より安定したスピードが保たれ、負荷変動に対しより信頼性の高い対処ができるようになった。そういった特徴はすべて、軽工業で使用するのに理想的だった。システムはほとんど工場の定置機関で使用され、一連の滑車装置、ベルト、歯車を通して伝導軸系に機械動力を供給した。

糸の処理には細心の注意を要するので、繊維産業はとくにそのスムーズな運転速度と敏速な対処という利点を歓迎した。特許を取得した弁装置のおかげで機械は精密に調節され、大きな出力によって多くの機械をさまざまな割合で動かすことができるようになった。これらは必要に応じて稼働させたり止めたりできた。

1876年、コーリスがフィラデルフィア万国博覧会に提供した蒸気機関は、ほぼすべての展示物に動力を供給した。機械館で来場者が見られるように展示されていたこの機関は、驚嘆の的となった。差し渡し17mの、1400馬力を生み出す世界最大の蒸気機関である。鉄および鋼製で、高さ14m、直径9mのフライホイールを備えていた。全長8kmに及ぶベルト、シャフト、滑車を使って、機械館のすべての機械を動かした。最終的にシカゴのプルマン工場に売却され、1910年、スクラップとして1tにつき8ドルで売却された。

ソルツ・ミル

093

タイタス・ソルト｜イングランド、ソルテア｜1850年

企業家タイタス・ソルトは当時最大級の織物工場を作り上げただけでなく、
産業時代の重要な「模範的」共同体、ソルテアの建設も指揮した。
これは今では世界遺産となっている。

マンチェスターの労働者の生活を綴ったエリザベス・ギャスケルの処女作『メアリ・バートン』(1848)に描写されているように、18世紀後期から19世紀初頭の工場労働者の生活は過酷だった。しかし、工場労働者の貧しい生活環境や労働環境を改善しようとした先駆的な実業家も大勢いた。ニューラナークのロバート・オーウェン(1771〜1858)が有名だが、ヨークシャーの織物

▲ソルテアにある2*級指定建造物のソルツ・ミルは、1851年から1853年にかけて、ブラッドフォードを拠点とする建築業者ロックウッドとモーソンにより設計、建築された。建物の技師はサー・ウィリアム・フェアベーン(1789〜1874)が務めている。工場の正面部分は南向きで鉄道線路に面している。最初の設計は「狭すぎる」とタイタス・ソルトに却下された。建物の外壁は石造りだが、火災の危険を最小にとどめるため、骨組みにはレンガと鋳鉄が使用されている。

Peter Waller

業者タイタス・ソルト(1803～76)も先駆者のひとりだった。のちの1869年、彼は準男爵に叙され、サー・タイタスとなる。1833年、ソルトはブラッドフォードで父の事業を受け継いだのち、アルパカの毛(その3年前にリヴァプールで情報を得ていた)で織物を製造することに決め、またたく間に会社を成長させた。

1840年代末のブラッドフォードは環境汚染が深刻化しており、ソルトは「すでにひとがひしめき合っている場所にこれ以上ひとを増やしたくなかった」ので、ブラッドフォード北部のリーズ・リヴァプール運河とミッドランド鉄道のそばに土地を購入し、そこに新たな工場を建て、すべての事業をひとつの場所に集約することに決めた。

大規模な工場(世界最大の床面積を誇る産業複合施設だった)は完成時、端から端までの長さがロンドンのセントポール寺院と同じだったという。設計を担当したのはブラッドフォードを拠点に活動していた建築家ヘンリー・フランシス・ロックウッド(1811～78)とウィリアム・モーソン(1826～89)で、サー・ウィリアム・フェアベーン(1789～1874)が機械の設置について助言した。正式に開業したのはソルトの50歳の誕生日にあたる1853年9月20日で、メインとなる紡績工場は区画の長さが165mあり、5階建てで地下室もあった。

工場の発展にともない、模範的な工場村の建設も進められた。ロックウッドとモーソンが再び建築家として雇われ、彼らは碁盤目状に並んだテラスハウスを建設し、当時のブラッドフォードの他の織物工場の労働者では手が届かないほど上等な住まいを提供した。住宅のそばには会衆派の教会、学校、病院、研修会場、養老院が建てられた(ただし飲み屋はなかった)。まさに揺りかごから墓場まで、居住者の面倒を見たと言えよう。

ソルトのような企業家の動機は定かでない。労働者に適切な生活環境を与えたいという願いに宗教がひと役買っていたのは確かだ。だが労働者が健康であれば生産性も上がり、より収益を得られるという実利的な考えもあっただろう。

ソルツ・ミルは現在2*級指定建造物になっており、1986年まで操業が続けられていたが、それ以降は修復され、他のさまざまな用途に使われている。地元出身の画家デヴィッド・ホックニーの美術館もそのひとつだ。ソルテアの複合施設は、今ではその全体がユニセフ世界遺産に認定されている。

◀ソルテアのロバーツ・パークに建つサー・タイタス・ソルト(1803～76)の像。側面のパネルにはソルトの富の源だったアルパカが描かれている。彼は1836年に初めてこの南米の動物の毛に出会った。アルパカの毛を利用しようとしたのは彼が初めてではないが、その繊維を使った彼の試みが、光沢のある人気の布地の開発につながった。
Tim Green

▼ソルツ・ミルの反対側、歩道でつながった場所に新工場が建っている。1868年に建設された新工場の煙突は、イタリア、ヴェネチアのサンタマリア・グロリオーザ・デイ・フラーリ聖堂の鐘楼を模したものだ。
Tim Green

ソルツ・ミル 159

水晶宮

094

ジョセフ・パクストン｜イングランド、ロンドン｜1850〜51年

1851年の万国博覧会会場となった水晶宮は、建築デザインの最高傑作である。
当時、ガラスと鋼をこれほどの規模で使った建造物は初めてだった。
一時的なパビリオンとして設計されたが、
長さ564m、高さ39mで、9万2000m^{2}の広さがあった。

1851年の万国博覧会は世界中の最新製品を展示することを目的としていたが、問題は適切な展示施設がないことだった。長く紛糾したやり取りを経て、245を超える応募のなかからイギリス造園界の大物、ジョセフ・パクストン（1803〜65）が、最終的に設計と建築の責任者に選ばれた。1850年1月に立ち上げられた万国博覧会実行委員会には、イザムバード・キングダム・ブルネル、ロバート・スティーブンソン、チャールズ・バリー、トマス・レヴァートン・ドナルドソン、バクルー公、エルズミア伯、ウィリアム・キューピットといった錚々たる人物が名を連ねていた。

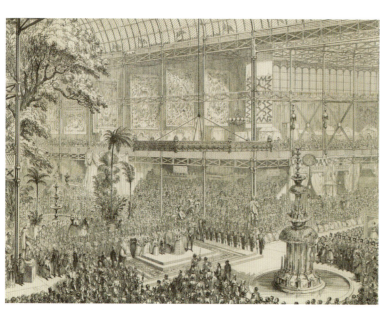

▲1851年5月1日の開会式でカンタベリー大主教ジョン・バード・サマーが祈りを捧げている様子をジョージ・クルックシャンクが描いた。ヴィクトリア女王と夫のプリンス・アルバートが臨席している。女王は「人生でもっとも偉大でもっとも輝かしい日のひとつだ」と述べた。
Library of Congress

博覧会の運営費は一般からの寄付で賄われることになっていたので、予算は限られており、パクストンの設計は適切であると同時に、持ち込まれた建設案のなかで最も安価だった。

決定がなされたとき、パクストンに与えられた期間は8か月しかなく、その間に設計を終え、すべての資材を用意し、建物を建てなければならなかった。予算の許す範囲で時間内になんとかやり遂げることができたのは、注目に値する。さらに、土壇場になって変更を強いられた点もいくつかあった。エルムの大木を切り倒すかどうかが大衆の間で議論の的となり、木を残すために建物の中央に高い翼廊を加えなければならなかったのは、そのひとつだ。

建物はロンドンのハイドパークに、板ガラス、木、鋳鉄を使ったプレハブ方式で建てられた。パクストンの工法は画期的で、まさに畏敬の念を起こさせるようなスケールだった。セントポール寺院の3倍の大きさで、建物は7haの広さがあった。設計は製造可能な板ガラスの最大サイズを基にしており、スメスウィックのチャンス・ブラザーズが製造した幅25.4cm、長さ124.5cmのガラスが使用された。建物をすべて同じサイズの部品で造ることによって、莫大な金額の節約になり、工期も大幅に短縮された。

使用した部品は膨大な数にのぼった。土建会社のフォックス・ヘンダーソン商会は2224の格子状の桁を支えるのに1000本以上の鉄柱を使っている。また、雨水を排出するための雨どいは48kmに及んだ。ピーク時には2000人以上がこの現場で働いていた。

博覧会は大成功で、世界中から1万4000人以上が会場を訪れた。来場者は建物の大部分がガラスで造られているため、建物の中に明かりが不要であることに驚いた。建物は仮設が前提だったので、博覧会の閉会後、分解され、ロンドン南東部のシデナムに移設されたが、1936年に火事で焼失した。

▼ディキンソンの『万国博覧会彩色図版　1851〜1854年』の1枚。壮大な水晶宮を北東から見たところ。
WikiCommons

ベッセマー転炉

ヘンリー・ベッセマー ｜ イングランド、シェフィールド ｜ 1850年

この転炉のおかげで、製造業者は溶けた銑鉄から鋼を大量生産できるようになった。

ヘンリー・ベッセマー（1813〜98）以前は、5tの鉄を鋼に変えるには1日中かきまぜ、熱し、再加熱しなければならなかった。ベッセマー転炉を使用すれば、20分もかからない。

ベッセマーは鋼の製法を改良しようという大望を抱いていた。当時はクリミア戦争のさなかだったので、そうすれば上質な兵器に鋼を大量に利用できると考えたのだ。この時代、鋼はカトラリーや道具類用に少量しか製造されておらず、大砲のような大きなものを作るにはあまりにコストが高くついた。

1855年1月、ベッセマーは自分のブロンズ粉の工場で、鋼を大量に製造する方法を研究し始めた。溶けた鉄に空気を送り、それを高熱にさらしたのち、軟鋼と呼ぶ金属を造り出したのである。彼は製造工程を考案し、4人の製鉄業者に特許使用権を販売したが、製品の欠点が判明したため、特許使用権を買い戻し、数万ポンドを費やして問題の究明に乗り出した。その結果、不純物を燃焼させて取り除き、しかも適切な量の炭素を残しておくためには、鉄に送り込む空気の流れを注意深くコントロールすればよいことがわかった。特許使用者たちが誰もその工程を導入しようとしなかったので、ベッセマーは自分で製鋼会社を立ち上げた。

1856年、ベッセマーは転炉の特許を取得し、英国科学協会で「可鍛性の鉄と鋼を燃料なしで製造する方法」と題した論文を発表した。

イングランドの別の場所では、冶金家のロバート・マシェット（1811〜91）が、すべての不純物と炭素を焼き尽くし、そのあとで炭素とマンガンをスピーゲルの形で投入すればよいということを発見した。スピーゲルとはドイツから輸入されていた鉄、マンガン、炭素の合金で、酸素を除去する性質があった。これによって鋼の質、とくにその可鍛性が大きく向上した。不運にもマシェットは特許料を支払い続けることができず、彼の製法はベッセマーが買い取った。

鋼の商業生産は1858年に始まった。スウェーデンから輸入した木炭銑鉄と、大きな卵型のコンテナ（その中で鉄を熱し溶かす）を使って、ベッセマーがシェフィールドの自社工場で鋼製造を開始したのである。

基本的に、鉄は上の開口部から転炉に入れる。下から熱を加え、銑鉄が溶けると、加圧した空気を吹き込んで鉄を酸化させ、不純物を取り除く。不純物はガスとなって消えたり鉱滓に変わったりする。それから溶けた鋼にスピーゲルなどの添加物を加え、型に流し込む。

ベッセマー転炉はふつう2基ひと組で使われる。片方で転換工程を行っている間に、もう一方に原材料を入れるのだ。一度に銑鉄30tを処理することができた。また、不純物を取り除く過程で酸化反応によって熱が発生するため、使用する石炭が従来よりはるかに少なくて済み、鋼の製造コストを大きく削減できた。

▼スウェーデン、サンドヴィーケンのヘグボにある旧製鉄所の屋外に置かれたベッセマー転炉。
Jan Ainali/WikiCommons(CC BY-SA 4.0)

注射器

096

アレクサンダー・ウッド ｜ スコットランド、エジンバラ ｜ 1853年

アレクサンダー・ウッドは、薬物を適量投与するために
皮下注射針と注射器を使用した先駆者である。

古代ローマ時代以前も、浣腸液のような薬剤を投与するために、注射針のようなものは使われていた。しかし注射器がもっとも大きく躍進したのは、19世紀になってからのことだ。エジンバラの医師だったスコットランド人、アレクサンダー・ウッド（1817〜84）が中空の皮下注射針と注射器を発明したのである。ちなみに彼は蜂の針からインスピレーションを得たと言われている。注射器を開発した当初の目的は、モルヒネやアヘンの投与だった。ウッドの最初の患者は1853年、液化したモルヒネを鎮痛のために注射されている。彼はこの処置をもとに、エジンバラ・メディカル＆サージカル・ジャーナル（1855）に「疼痛点に鎮静剤を直接投与することによって神経痛を治療する新たな方法」と題した論文を掲載した。

同じ頃、フランスのリヨンでも、獣医のシャルル・プラヴァ（1791〜1853）が同様のピストル式の注射器を考案している。これはプラヴァ・シリンジと呼ばれ、医療の場で広く使われるようになった。ウッドもプラヴァも、注射器に金属の外筒と、穴の空いた細い金属針を使用した。1866年には注射器の外筒がガラスで作られるようになったため、注射の際、投薬量がはっきり見えるようになった。残念ながら滅菌も、患者同士の感染の可能性についても、長年にわたり疑いを持たれてすらいなかった。滅菌していない針で深刻な皮膚膿瘍を起こす患者も多かった。

ウッドはロンドンの器具製造者ダニエル・ファーガソンの注射器を使った。ファーガソンは先端に穴の空いた細い針つきのピストン式注射器を作った。外側の円筒を回して針の穴とつなげ、薬をピストンによって針に送り込み、患者の体内に入れる。

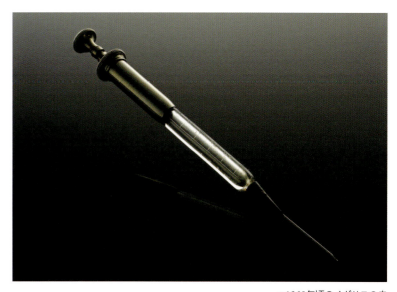

▲1860年頃のイギリスの皮下注射器。ロンドンの医療機器専門の製造業者コークスター＆サン社が設計したもの。

Science Museum,London via Wellcome Collection

ごく初期の頃、皮下注射器はモルヒネ（1803年にドイツで合成されたアヘンの分離変異株）の投与、とくにアメリカ南北戦争で傷ついた兵士の治療に使われた。この薬はまたたく間に痛みを軽減してくれるため、戦闘員の間では人気だった。その結果、中毒に陥る者もいた。兵士の恋人たちのなかにも喪失感からモルヒネを使い、中毒に陥る者がいた。しかし19世紀後半、医師たちはモルヒネを注射しても胃や消化器を通らず、それゆえに中毒は起こり得ないと誤解していた。多くの医師たちは投与方法の効果に懐疑的で、注射器が広く利用されるようになったのはようやく1800年代末になってからのことだった。もっとも、当時注射される薬はまだほとんどなかった。

アメリカでは注射器を通信販売で買うことが可能で、淑女が注射器を持ち歩くのはおしゃれだとさえ思われていた。

レディ・イザベラ水車

097

ロバート・ケースメント｜イギリス、マン島｜1854年

この古代と近代の技術の結合は、
現代の水力タービンにつながる
重要な一歩となった。

19世紀、マン島は銀、亜鉛、鉛、銅など、豊かな鉱物資源に恵まれていたが、石炭はなかった。鉱脈が地下深くなればなるほど、坑道に湧き出す水が多くなる。水を汲み出すには近代的な蒸気機関が必要だったが、それを動かす石

▶レディ・イザベラ水車の全景。建築には4年を要し、たちまちのうちにマン島のシンボルになるとともに、当然のことながら重要な観光地となった。
Lobster1/WikiCommons(CC BY-SA 3.0)

◀1890年から1910年頃のレディ・イザベラ水車。当時、水車は終始稼働して島の広範囲に及ぶ鉱山の立坑から水を汲み出していた。

National Library of Ireland on The Commons/WikiCommons

炭がないので(輸入すれば非常に高くついた)、鉱山主は別の解決法を見つけなければならなかった。問題を提示された独学の技師ロバート・ケースメント(1815〜91)は、古代の技術を改良し、それを最新技術に適用した。彼はグレン・ムーアの周囲の丘を流れる川から大量の水を集め、水車よりも高い位置にある大きな貯水池に流し入れるシステムを考案した。水はそこから橋を渡ってパイプで運ばれ、大きな水車の上の塔に入り、水車の縁にぐるりと並んだ192枚の木製の水受けに落ちる。各水受けには水が11L入り、水の重さで水車が回る。

4年に及ぶ工事を経て、70tの水車は1854年に動き始めた。水車の名前は、当時のマン島の副総督の妻レディ・イザベラ・ホープにちなんでつけられた。また、所在する村の名から、ラクシー水車とも呼ばれている。

大きな石造りの建物の中に収められたこの水車は、直径が22.1m、円周は70m、幅が1.83mある。伝統的に明るい赤色に塗られている。1分間に平均3回転し、ホイールとロッド部分は木を組み合わせて造られているが、機械部分には鋳鉄が使われている。

1.22mの行程があるクランクシャフトは釣合おもりと非常に長いロッドにつながり、これが小さなホイールにつながって摩擦を最小にする。パイプで運ばれた水が逆サイフォンの原理で塔を上り、水車の水受けに落ちると、水車は水の流れとは逆方向に回転し、この動きが183m離れた鉱山の排水立坑に伝えられる。そこで水平方向の動き(2.44m)が垂直方向の動きに変換され、立坑にあるポンプが動く。このポンプは地下約457mから1分間に142Lの水を汲み上げることができた。汲み上げられた水はラクシー川に流された。

この鉱山では最盛期に600人以上の坑夫が働いていたが、1929年に閉鎖された。

大西洋横断ケーブル

098

サイラス・ウエスト・フィールド｜アイルランドからカナダ｜1858年

1858年まで、メッセージを
遠く離れた対岸に届けられるのは船だけで、
最低でも10日はかかった。
この年、最初の大西洋横断ケーブルが
開通すると、世界は狭くなった。

1850年、英仏間に電信ケーブルが敷設されると、新世界と旧世界を結ぶ計画も現実味を帯びてきた。計画を先導したのは、アメリカの実業家で投資家のサイラス・ウエスト・フィールド（1819～92）である。アイルランド西部からニューファンドランド東部というルートが決定され、海底の調査も開始された。資金を調達するため、アトランティック・テレグラフ社の株が売り出された。フィールドが大西洋横断ケーブルの敷設に成功するには5回の挑戦が必要だった。まず1857年に1回、それから1858年に2回、1865年に1回。その後技術的な問題が解決され、ようやく1866年に成功した。

▶ナイアガラ号とアガメムノン号がケーブル敷設を開始する様子を描いた1861年の手彩色リトグラフ。ケーブルを海に沈める装置がナイアガラ号の船尾にはっきり見える。

Library of Congress

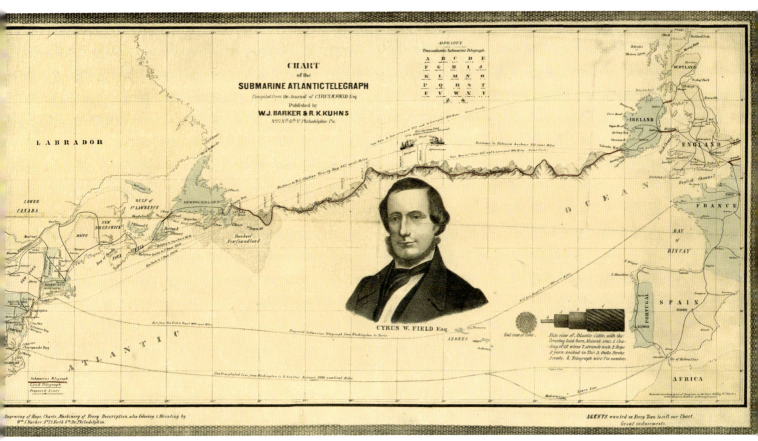

▲大西洋横断ケーブルのルートを示す図。ワシントンからパリ、ワシントンからジブラルタルへの新たに計画されたルートも記されている。1858年にペンシルベニア州東部地区のW.J.バーカーが刊行した。送られた最初のメッセージは、大西洋の両側にいるアトランティック・テレグラフ社の重役同士の祝福電信だった。2本目はヴィクトリア女王からジェームズ・ブキャナン大統領に宛てた8月16日の大事業をたたえるメッセージだった（98語のメッセージは届くのに16時間かかった）。
Library of Congress

　1858年6月には、イギリス海軍の軍艦アガメムノン号とアメリカの軍艦ナイアガラ号を使ってケーブルの敷設が試みられた。各艦が半分ずつケーブルを運び、大西洋の真ん中で接続するという計画だ。初日にケーブルは破損したが、修繕された。その後、今度は深海で破損し、試みは失敗に終わった。

　1858年7月、アガメムノン号、ヴァロラス号、ナイアガラ号、ゴルゴン号が3度目の試みとして大西洋の真ん中に終結した。アガメムノン号とヴァロラス号は東に、ナイアガラ号とゴルゴン号は西に向かってケーブルを敷設し始めた。7本の銅線を3層のガタパーチャ（丈夫なゴム状樹脂）で覆ったケーブルは、タールを塗った麻で巻かれ、らせん状の18本の鉄線で覆われていたが、わずか数週間しかもたなかった。しかし、大西洋横断ケーブルの敷設が達成可能であることを示すには十分だった。このケーブルはあっという間に劣化し、伝達速度がしだいに遅くなり、9月半ばに完全に停止した。

　1866年、蒸気客船グレート・イースタン号が、アイルランドのヴァレンティア島からニューファンドランドのトリニティ湾に常置ケーブルを敷設することに初めて成功した。今回のケーブルは純銅をより合わせた束7本を、絶縁した粘着性の防水性化合物、何層もの粘着性の化合物で隙間を埋めた4層のガタパーチャ、防腐作用を施した麻、それかららせん状に巻いた18連の高張力の鉄線で覆った。それから全体がマニラ糸に包まれ、防腐剤に浸された。250人の労働者が苦闘し、8か月で全長4万8280kmのケーブルを造り上げた。従来のケーブルの約2倍の重さがあり、グレート・イースタン号に積み込むのに5か月かかった。

スエズ運河

フェルディナン・ド・レセップス｜エジプト｜1859～69年

スエズ運河の開通によって、
世界の貿易はまたたく間にスピードアップした。
運河は数年間で貿易に大きな影響を与えた。
また、ヨーロッパによるアフリカの植民地化を
ずっと容易にした。

スエズ運河はパナマ地峡を経由して地中海と紅海を結ぶために建設された。161kmにわたる水路で、その約2/3は浅い湖を通る。大西洋・インド洋間の所要時間を縮め、海上の安全を向上させ、航行距離を約6920km減らした。

運河を建設して海をつなげようという試みは古代からなされていた。皇帝ナポレオンもフランスのために掘削を真剣に検討していたが、経費の面で折り合わず、断念している。1854年、フランスのもとカイロ領事、フェルディナン・ド・レセップス（1805～95）とオスマン帝国のエジプト総督の間で、運河建設協定が締結された。大規模な調査と分析が行われたのち、国際的な技術者チームが建設計画を立て、スエズ運河会社が1858年12月に設立された。工費は2億フラン（完成時にはこの2倍に膨らんだ）と見積もられ、翌年4月、未来のポートサイドでつるはしとシャベルによる工事が始まった。

運河用地はほとんどが砂地だったが、堅い岩も一部あり、掘削には10年を要した。さまざまな国から労働者が集められ、約3万人が工事に携わったが、建設中、コレラその他の病気で命を落とす者も多かった。イギリス政府はヨーロッパのライバル国がインドに近づきやすくなるのを恐れて、けっしてこの計画に賛成せず、当初労働力として集められたエジプト人の待遇を口実に、一時工事を邪魔したり、中断させたりした。しかし工事は再開され、フランスが工事資金の多くを援助し、最終的にイギリスも計画を認めた。

運河の最初の区間は予定より4年遅れて1869年11月17日に開通した。保護用の堰が破られ、地中海の水が紅海に流れ込んだ。大きな祝典が催され、6000人が出席した。開通式はエジプトとスーダンの総督が指揮を執り、フランス皇后ウジェニーが皇室のヨット、エーグル号に乗って運河を通過した。二隻目の船はイギリスのP&O社の客船デルタ号だった。

▼1976年のスエズ運河の地図。運河のかなりの部分が湖を通っていることがわかる。運河はアフリカを横切って地中海からスエズ湾に通じ、紅海につながっている。緑色に塗られた非武装地帯はもはや存在しない。

Library of Congress

▲1914年頃、ウィリアム・ヘンリー・グッドイヤー（1846〜1923）によって撮影された幻灯機用のスライド。この頃には運河は大型船舶が通行できるよう拡張され、航行しやすくなっていた。
Library of Congress

建設当初の運河は、底部で幅22m、海面では幅60mから90mだったが、深さはわずか7.5mしかなかった。

資金難のため、運河がすべて完成したのは1871年になってからのことである。完成してからも、最初の数年間は通行量が少なかった。最初の年、通過した船は500隻に満たず、その多くはイギリス船だった。1876年、運河を幅も深さも拡張して改良することが決まった。

1882年にはイギリスが運河の支配権を得た。イギリス首相ベンジャミン・ディズレーリがオスマン帝国の新たなエジプト総督の株を400万ポンドで買い取り、イギリスが筆頭株主となったからである。イギリスがエジプトとスーダンを占領していた1888年、コンスタンティノープルの代表者会議で、運河がイギリス管轄下の中立帯になることが宣言された。

◀スエズ運河を航行する旅客蒸気船。19世紀末前後にはスエズ運河の遊覧航海が勇敢な旅行者の間で人気を呼んでいた。
Library of Congress

ロイヤルアルバート橋

イザムバード・キングダム・ブルネル ｜ イングランド、デヴォン−コーンウォール ｜ 1859年

サルタッシュのテイマー川に架かるロイヤルアルバート橋は、機知縦横の技師、イザムバード・キングダム・ブルネルの最高にして最後の輝かしい業績である。彼がヴィクトリア時代のもっとも革新的な技師だったのは、おそらく間違いない。

ヴィクトリア時代の技術史を彩るビッグネームのなかで、イザムバード・キングダム・ブルネル（1806〜59）は機知縦横な技師として傑出していた。デヴォンとコーンウォールを隔てるテイマー川に架かったサルタッシュの鉄道橋が、彼の最後の偉業として輝いていることからもそれは明らかだ。フランスから移住した技師マーク・イザムバード・ブルネル（1769〜1849）とイギリス人女性ソフィア・キングダム（1775頃〜1855）の息子としてポーツマスに生まれたブルネルは、先駆者であるとともに異端者でもあった。彼が鉄道に広い軌間（2140mm）を採用したのは時代の流れに逆行しており（将来標準軌となる1435mmが優勢だった）、そ の結果、イギリス政府は1845年に鉄道の軌間に関する王立委員会を立ち上げて国家規格をどうすべきか決めるに至った。その後1846年の法令により、1435mmがイギリスの標準軌、1600mmがアイルランドの標準軌と定められた。ブルネルが設計したロンドンからブリストルおよび南西部に向かうグレート・ウエスタン鉄道は、広軌路線を建設し続けることを許されたものの、結局運行上の実用性から標準軌に切り替えていくよう指示され、1892年、最後の区間の軌道が交換された。

鉄道をデヴォンからコーンウォールに延ばすにあたり、ブルネルはふたつの難問に直面した。まずはテイマー川を渡ること。1846年の法令は、

▶北東からサルタッシュ方面を眺めたところ。ブルネルのロイヤルアルバート橋の規模がよくわかる。メナイ海峡にかかる橋など、他の多くの橋と同様に、建造物の設計は、満潮時にイギリス海軍の船が安全に通過できるよう十分な高さがなければいけないなど、海軍の意向が最優先された。
Library of Congress

◀コーンウォール側からのテイマー川の眺めは、単軌道のロイヤルアルバート橋を効果的に見せている。主塔には「I.K.ブルネル、技師、1859年」という文字が刻まれている。
Les Collings Collection/Online Transport Archive

既存の渡し船に代わって鉄道橋を造ることを条件に鉄道建設を認可していたのである。もうひとつの難問は、デヴォンポートのイギリス海軍基地に影響が及ばないよう、海軍本部を満足させる橋を建設することだった。

そのため高架橋(ロイヤルアルバート橋と呼ばれる)の設計は、海軍本部の要望、現地の地質、鉄道の資金不足を踏まえて、何回か案を練り直さなければならなかった。最終的に完成した橋は、川の中ほどにある中央の橋脚から両側に延びる139mのふたつの主径間、その西側に10、東側に7つの側径間からなっている。ブルネルは当初ふたつの主径間を吊る設計にしようと考えたが、ケーブルを安全に調節することが困難だったので、ふたつの自立したトラス[直線構材で造られた構造用骨組み]を使うことにした。もともとの計画では橋には2本の軌道が敷かれるはずだった。しかし、軌道を1本にすることに決まり、これで資金難に苦しむ鉄道は約10万ポンドを節約できた。

テイマー川の真ん中に中央の橋脚を建てる際、ブルネルは父親がテムズ・トンネル(108ページ参照)を建造した際の工法に倣った。高さ25.9m、直径11.25mの円筒を川の中央に運び、潜函[橋や水底トンネルの基礎工事を行うために沈められる構造物]として沈めたのである。その上部をシールして圧縮空気を送り込むと、水が除かれて、常時最大40人の人間が泥と岩盤の掘削作業にあたり、強固な基礎を造ることができた。一方、弓の弦の形をした2基のトラスは現場から離れた場所で造られ、設置場所に運ばれ、海抜30.5mの高さまで水圧ジャッキで少しずつ持ち上げられた。最初のトラスを持ち上げる工事は1857年9月1日に始まり、1858年7月1日に所定の高さになった。2番目のトラスは1858年7月10日に作業が開始された。完成した橋は1859年4月11日に最初の試験走行が行われ、1859年5月2日に正式に開通した。

偉業は達成されたものの、橋の建設、さらには他の冒険的事業によって、ブルネルの健康は損なわれた。彼は橋の開通式に出席できず、4か月後の1859年9月5日に亡くなった。

▼リンハー川から見たロイヤルアルバート橋。その後方にA38号線の通るテイマー川の吊橋が見える。1962年に開通したこの橋は、1999年から2002年にかけて拡張および補強工事が行われた。
Author's collection

ロイヤルアルバート橋　171

索引

あ

アークライトの紡績機 036-037
アークライト，リチャード 033, 036-037
アームストロング，ウィリアム 152
アームストロング・ミッチェル社 153
アーロン・マンビー号 103
アイアンブリッジ 006, 010, 012-013, 047
「アイアン・マッド（鉄狂い）」▶「ジョン・ウィルキンソン」を見よ 009, 023
アガメムノン号 166-167
アスプディン，ジョセフ 107
アトランティック・テレグラフ社 166-167
アペール，ニコラ 090
亜麻布工場 068
アルガン，アミ 054
アルガン灯台用ランプ 054
アルバート・ドック 150-151
アレクサンダー・フォーサイス商会 082
アングルシー島 116-117, 154
アンドリュー・ハンディサイド商会 029

い

イースト・ロンドン鉄道 109
イギリス海軍 010, 091, 103, 117, 119, 167, 170-171
衣料産業 149
イングランド 012, 014, 016-019, 022-026, 028, 030, 032-034, 036-038, 040-043, 046-048, 054-055, 060, 064, 066-068, 070, 074, 080-081, 083, 088, 090, 094, 096, 098-099, 102-104, 106-108, 111-112, 119-120, 122-124, 126, 130, 132, 134, 138, 144, 150, 152, 157-158, 160, 162, 170

う

ヴァロラス号 167
ヴィクトリア時代 094, 150, 170
ヴィクトリア女王 160, 167
ヴィグノールス，チャールズ・ブラッカー 125, 143
ウィットブレッド機関 052-053
ウィットブレッド，サミュエル 053
ウィリアム4世 119
ウィリアムズ，エドワード・リーダー 029
ウィリアム・レイノルズ商会 022
ウィルキンソン，ジョン 008-011, 023-024, 042, 047
ウィルトシャー 088
ウィンザー，フレデリック・アルバート 083
ウィンスタンリー，ヘンリー 026
ウーバン 135
ウーリー・バージ，チャールズ 068
ウール・チャーチ 007
ヴェイル，アルフレッド 146
ウェールズ 009, 078-079, 099, 116, 154
ウェッジウッド，ジョサイア 034
ウォーカー，ジェームズ 138
ウォルター，ジョージ 130
ウッド，アレクサンダー 163
ウッド，ラルフ 131
運河狂時代 028
運河建設 028, 040, 066, 089, 115, 168
運輸 007-008, 124

え

エヴァンス，オリヴァー 075
エガートン，フランシス 028
エジプト 018, 168-169
エジンバラ 044-045, 087, 097, 152, 163
エジンバラ&ノーザン鉄道 152
エリー運河 114
エルステッド，ハンス・クリスティアン 110, 146
エルズミア伯 160

お

オイスターマス鉄道 078-079
オイスターマス鉄道&トラムロード会社 078
オーウェン，ロバート 158
オートマチック 111
オールド・ドック 039
オールバニ 059, 114-115
オルクトル・アンフィボロス 075
オンタリオ 127

か

カートライト，エドモンド 055, 106
カーン・ヒル連続閘門 088
階差機関 104
解析機関 104
科学革命 006, 008
鍛冶工場 011, 024
ガス灯 060-061, 083, 089
ガス灯・コーク会社 083
ガスの街路灯 083
カメラ・オブスクラ 118
ガラス工場 024
加硫ゴム 135
カンバーランド道路 092

き

機械式計算機 104
ギャスケル，エリザベス 158
ギャンブル，ジョン 074, 091
キューピット，ウィリアム 160
ギルバート，ジョン 028
近代産業化 037

く

クック，ウィリアム・フォザーギル 132-133
グッドイヤー，チャールズ 135
グラスゴー 044, 136
グリムショー，ロバート 055
クリントン，デウィット 114
グレート・イースタン号 167
グレート・ウェスタン鉄道 089, 131-133, 142
グレート・ブリテン号 137, 144-145
クレッグ，サミュエル 142-143
クロウス，ジョサイア 066
クロード=フランソワ=ドロテ 050
グロスターシャー 094, 126
クロック・ミル 043
クロトン配水池 140-141
クロンプトン，サミュエル 046

け

ケイ，ジョン 019, 033, 036, 046
啓蒙主義 008
ケースメント，ロバート 164-165
ゲール，レナード 146
ケネディ，ジョン 124
絹糸製造 017
ケンブリッジ 148

こ

高圧蒸気動力 070
航海用クロノメーター 030-031
高架橋 125, 131, 171
工場団地 023, 035, 043, 068
高炉 010, 012-013, 022-024
コークス 006, 010, 012-013, 022-023, 047, 123, 163
コークスター&サン社 163
コーリス，ジョージ・H 156
コーリスの蒸気機関 156-157
コールブルックデール 006, 012-013, 022, 047
コールブルックデール・カンパニー 022
コールブルックデールの製鉄所 022
コーンウォール 010, 014-015, 042, 060, 070, 170-171
コーンウォール金属会社 010
『国富論』044

コクラン，トマス 108
コチェット，トマス 017
コニーグリー炭鉱 015
コペルニクス，ニコラウス 006
ゴルゴン号 167
コンクリートの再発見 026

最古の写真 118
サウス・デヴォン鉄道 142–143
サマセット 018, 080–081
サミューダ兄弟 142–143
サミューダ，ジェイコブ 143
産業遺産 006, 043, 070
産業スパイ 017
散弾製造塔 048–049

し

シールド工法 108
ジェームズ1世 022
ジェームズ，ウィリアム 124
ジェソップ，ウィリアム 039
ジェニー紡績機 033, 036, 046
ジェファーソン，トマス 072, 092
シェフィールド 008, 034, 162
シェフィールドの製鉄所 008
シェフィールド・プレート 034
ジェンナー，エドワード 011
湿ドック 038–039, 130, 150
自転車 006, 008, 081, 136
自動式インクライン 102
自動ミュール 046, 111
芝刈機 126
ジャーヴィス，ジョン 140, 141
ジャイルズ，フランシス・ジョン・ウィリアム・トマス 130
自由貿易と自由競争 045
シュルーズベリー・ニューポート運河 066
シュロップシャー 006, 010, 012–013, 022–023, 029, 047, 049, 066, 068
蒸気乾燥機 074
蒸気機関車 025, 070, 097, 102, 112, 122–123, 129, 142–143
蒸気船による最初の定期運航 058
蒸気動力 006, 014, 023, 035, 042, 051–052, 056, 058, 070, 103
蒸気ハンマー 137
蒸気揚水機関 010
抄紙機 074, 091
情報伝達 007–008, 146–147
ジョージ2世 019
ジョージ3世 031, 083
ジョージ4世 091
ジョージア 062
ジョーンズ・フォールズ・ダム 127
植民地化 168

ジラール，フィリップ・ド 090
『新農法論』009

水圧アキュムレーター 153
水圧クレーン 152–153
水圧プレス 064
水晶宮 160–161
水力 006, 016–017, 024, 032–037, 046, 062, 111, 152–153, 156, 164
水力圧延機 034
水力送風機関 024
水力タービン 164
水力紡績機 037, 046
スウォンジ 079
スウォンジ・インプルーブメンツ&トラムウェイズ社 079
スウォンジ&マンブルズ鉄道会社 079
スエズ運河 008, 168, 169
スクリューパイル工法 138
スクリューパイルの灯台 138–139
スコットランド 020, 044, 052, 056, 060, 082, 086–087, 097, 099, 103, 136, 137, 163
スタージャン，ウィリアム 110
スタウアブリッジ 122
スタウアブリッジ・ライオン号 122–123
スタッフォードシャー 023–024, 042, 103
スタンレー・ミル 094
スチュワート，ドゥガルド 044
スティーブンソン父子 009
スティーブンソン，ジョージ 097–098, 102, 112–113, 123–124
スティーブンソン，ジョン 128, 129
スティーブンソン，ロバート 086, 102, 113, 123, 154, 160
ストックトン&ダーリントン鉄道 112–113
スミートン，ジョン 026
スミス，アダム 044–045
スミス，ジョージ 131
スミスマン，ジョン 022
スリー・ミルズ工場団地 043

せ

セイヴァリ，トマス 014, 034
製糸工場 016–017
製織技術 111
製錬工場 022
繊維工業 007, 046, 106
選別機 020–021

そ

造船所 152
ソープ・ミル 032
ソーホー貨幣製造所 035
ソーホー製作所 034–035
梳綿工場 032

ソルツ・ミル 158–159
ソルテア 158–159
ソルト，タイタス 008, 158–159
ソロコールド，ジョージ 017

ダーウィン，エラズマス 034
ダービー，エイブラハム 006, 010, 012–013, 023, 047
ダービシャー 016, 036, 068
ダーラム州 102
タールマック 099
大西洋横断ケーブル 008, 147, 166–167
ダグラス，ウィリアム 027
ダグラス，ジェームズ 027
多層建築の工場 016
脱穀機 056–057
ダブリン 142–143, 154
ダブリン&キングスタウン鉄道 143
ダルキー大気圧鉄道 142–143
タル，ジェスロ 009
多連式アーチダム 076
ダンダス，チャールズ 080
ダンダスの水路橋 080
ダンフリース 136

ち

チェスター&ホリーヘッド鉄道 154
チャンピオン，ウィリアム 038–039
チャンピオンの湿ドック 038–039
注射器 163
鋳鉄工場 012
鋳鉄製の水路橋 066
銑鉄の生産力 013

ディケンズ，チャールズ 010
ディズレーリ，ベンジャミン 169
定置機関 102, 157
テイマー川 170, 171
テイラー，ラルフ 032
デヴォン 014, 026, 119, 142–143, 170–171
デーヴィー灯 098
デーヴィー，ハンフリー 098
デール，デイビッド 046
鉄鉱石 012–013, 022
鉄製品 006, 010, 024, 094
鉄道橋 154–155, 170–171
テムズ・トンネル 171
テムズトンネル 107–109
デルタ号 168
テルフォード，トマス 066, 116, 120–121
電磁石 110
電信機 132–133, 146
電信システム 132–133
電信網 147

173

灯台 026-027, 054, 072-073, 084, 086-087, 138-139
動力源 006-007, 032, 042-043, 075, 095, 144
特許使用権 162
ドナルドソン, トマス・レヴァートン 160
飛び杼 019, 033, 046
奴隷 008, 038-039, 063
トレイル号 023
トレイン, ジョージ・フランシス 129
トレビシック, リチャード 070, 097, 108
ドンキン, ブライアン 074, 090

な

ナイアガラ号 166-167
中ぐり盤 042
ナショナル・コレクション 113, 123
ナショナル道路 092-093
ナスミス, ジェームズ・ホール 137

に

ニエプス, ジョセフ・ニセフォール 118
ニューウィリー製鉄所 023
ニューカッスル 113, 123, 152
ニューコメン機関 014-015, 050
ニューコメン, トマス 014-015
ニュートン, アイザック 006, 143
ニューファンドランド 110, 166-167
ニューヘヴン 100, 146
ニューヨーク 010, 059, 114-115, 122, 128-129, 134, 140-141, 144
ニューヨーク＆ハーレム鉄道 128, 129

ね

ネイピア, チャールズ 103
ねじ切り旋盤 067
撚糸機 017

の

農業の機械化 056
ノースカロライナ 072
ノックダウン方式 103
ノッティンガムシャー 025, 036

は

ハーグリーブス, ジェームズ 033, 046
ハードウィック, フィリップ 150-151
ハートフォードシャー 074
ハートリー, ジェシー 150-151
バーミンガム 010, 011, 034, 052, 054, 060-061, 066, 103, 120-121, 133
バーミンガム運河水路網 120-121
バーンズリー 064
ハイデラバード 076-077
ハウ, エリアス 148-149

ハウのミシン 148-149
パクストン, ジョセフ 160
バクルー公 160
パターソン＆マーサー社 134
バックハウス, ジョナサン 112
ハックワース, ティモシー 097
ハッチンソン, フランシス 044
ハッテラス岬灯台 072-073
バディング, エドウィン・ビアード 126
パナマ地峡 168
パパン, ドニ 014
パフィング・デヴィル号 070
パフィング・ビリー号 096-097
バベッジ, チャールズ 104
ハミルトン, アレクサンダー 072
バリー, チャールズ 160
ハリソン, ジョン 030-031
バンクス, ジョセフ 011
万国博覧会 008, 010, 157, 160-161

ひ

ピーズ, エドワード 112
ビッソン, ダニエル 043
ヒューム, デイヴィッド 044
ピロスカフ号 050-051
ビングリーの5層階段形閘門 040-041

ふ

ファーガソン, ダニエル 163
フィールド, サイラス・ウエスト 166
フィッチ, ジョン 058
フィラデルフィア万国博覧会 157
フィリップス＆リー紡績工場 061
フーリー, エドガー・パーネル 099
フールジャム, ジョセフ 018
フェアベーン, ウィリアム 155, 158-159
フェラビー, ジョン 126
フォーサイス, アレクサンダー・ジョン 082
フォース湾 086
フォードリニア兄弟 074
フォザギル, ジョン 034-035
フォスター, ジェームズ 122
フォスター, ジョナサン 097
フォスター・ラストリック商会 122
フォックス・ヘンダーソン商会 161
ブキャナン, ジェームズ 167
複数煙管ボイラー 123
フライス盤 100-101
プラヴァ, シャルル 163
プラヴァ・シリンジ 163
ブラウン, トマス 044
ブラザーズ, チャンス 161
ブラックウォール・トンネル鉄道 133
ブラック・カントリー 015
ブラッドフォード 040-041, 158-159
ブラマー, ジョセフ 064

フランクリン, ベンジャミン 011, 058-059
ブラント, ヴィリー 006
ブランドリング, チャールズ 025
プリーストリー, ジョセフ 009, 034
ブリキ缶 090
ブリストル 013, 038-039, 048, 058, 089, 099, 134, 144-145, 170
ブリタニア橋 117, 154, 155
ブリッジウォーター運河 028-029
ブリンドリー, ジェームズ 028-029, 041
ブルドン, フランソワ 137
フルトン, ロバート 051, 055, 058-059
ブルネル, イザムバード・キングダム 107-108, 134, 142, 143-144, 160, 170
ブルネル父子 009
ブルネル, マーク 108
ブルネル, マーク・イザムバード 108, 170
フレネル, オーギュスタン＝ジャン 054
フレネル・レンズ 054, 072
ブレンキンソップ, ジョン 025, 097
フレンチ, ベンジャミン 079
プロヴィス, ウィリアム・アレクサンダー 117
プロヴィデンス 156-157
フロッグモア工場 074

へ

ヘイスタック・ボイラー 014
ヘイワード, サー・ジャック 145
ペダル式自転車 136
ベッセマー転炉 007, 162
ベッセマー, ヘンリー 162
ヘットン炭鉱鉄道 102
ベドラム高炉 022
ヘドリー, ウィリアム 096-097
ベニヨン兄弟 068
ベル・ロック灯台 086-087
ヘンリー, ジョセフ 110

ほ

ボイートストン, チャールズ 132-133
ホイットニー, イーライ 062, 100-101
紡績機 017, 033, 036-037, 046, 111
ホースリー製鉄所 103, 121
ポーツマス 031, 119, 170
ポートランド展望台 084-085
ホートン＝ル＝スプリング 102
ボールトン, マシュー 034-035, 052-054, 061
ボールトン＆ワット社 023, 035, 042, 052-053, 061, 070, 095
保護貿易 045
ホジキンソン, イートン 155
ホックニー, デヴィッド 159
ボナパルト, ナポレオン 082
ボルタ, アレッサンドロ 146
ポルトランドセメント 107
ポントカサステ水路橋 028

ま

マージー・アーウェル水路 028
マーシャル, ジョン 068
マードック, ウィリアム 034, 060
マカダム, ジョン 099
マカダム, ジョン・ラウドン 099
マサチューセッツ 062, 101, 135, 146, 148
マシェット, ロバート 162
マッキントッシュ, ヒュー 131
マッケイ, トマス 127
マデリーウッド・カンパニー 022
マドラス技術団 077
マレー・ヒル配水池 140
マンチェスター 028–029, 033, 055, 106, 110, 112, 123–125, 158
マンチェスター船舶運河 028–029
マン島 129, 164–165
マンビー, アーロン 103, 121

み

ミア・アラム・ダム 076
ミークル, アンドリュー 056–057
ミッチェル, アレクサンダー 138
ミドルトン鉄道 025, 097
ミュール紡績機 046, 111
ミラーズ・ハウス 043

む

ムーディ, レミュエル 084

め

メナイ海峡 116–117, 154, 170
メナイ吊橋 116, 155
綿産業 007, 016, 034
綿プランテーション 008

も

モーズリー, ヘンリー 067, 108
モーソン, ウィリアム 159
モールス, サミュエル 146
モールス符号 146–147
モリス, ジョージ・ビング 079
モリス, ジョン・アルミニ 079
モルヒネ 163

ゆ

遊星歯車機構 035, 053
有料旅客輸送 078

よ

羊毛産業 016, 033, 094
ヨークシャー 007, 018, 025, 030, 034, 040, 064, 098, 107, 158
予防接種 011

ら

雷管式点火装置 082
ラストリック, ジョン・アーペス 122
ラッセル, ヘンリー 076–077
ラドヤード, ジョン 026
ランカシャー 007, 019, 028, 032–033, 046, 106, 124, 138–139
ランドマン, ジョージ・トマス 130

り

リード, トマス 044
リヴァプール 009, 025, 032, 039–041, 043, 066, 112, 123–125, 150–152, 159
リヴァプール&マンチェスター鉄道 112, 123–125
リヴィングストン, ロバート 059
力織機 055, 106, 111
リヨン 050, 163

る

ルナー・ソサエティ 034

れ

レイトン, フィリップ 025
レイノルズ, ウィリアム 022, 066
レオナルド・ダ・ヴィンチ 067
レセップス, フェルディナンド 168
レッドパス, ジョン 127
レディ・イザベラ水車 164
レニー, サー・ジョン 119
レニー, ジョージ 125
レニー, ジョン 080–081, 086, 088–089, 119
レンウィック, ジェームズ 140–141
鍛鉄 023–024, 138

ろ

ロイヤルアルバート橋 170–171
ロイヤル・ウィリアム・ヤード 119
ロイヤル・メール・スチーム・パケット社 134
ロウム, ジョン 016–017
ロケット号 122–123, 125
ロコモーション1号 113
ロザラム・スイングプラウ 018
ロジャー, アンドリュー 020, 021
ロックウッド, ヘンリー・フランシス 159
ロック, ジョセフ 125
ロックスバラシャー 020
ロバーツ織機 106
ロバーツ, ネイサン・B 114
ロバーツ, リチャード 046, 067, 106, 111
ロバート・スティーブンソン商会 113
ロベール, ニコラ・ルイ 074
路面鉄道 128, 129
ロンドン&グリニッジ鉄道 130–131
ロンドン&クロイドン鉄道 130–131

ロンドン&ブラックウェル鉄道会社 144
ロンボサム, ジョン 040–041

わ

ワーゼン, ジョセフ 094
ワーデン・ロー・ヒル 102
ワイア灯台 139
ワイラム鉄道 097
ワシントン, ジョージ 056, 058, 092
綿繰り機 008, 062–063, 101
ワッツ, ウィリアム 048
ワット, ジェームズ 009–010, 034, 042, 052, 054, 060–061, 156

[著者]

サイモン・フォーティー Simon Forty

セドバーグ・スクール、ロンドン大学スラブ東欧研究所で学ぶ。30年以上にわたって書籍の出版に携わり、主として近現代史、都市、交通、戦史に関する著書がある。英国のデヴォン在住。

[訳者]

大山晶 Akira Ohyama

1961年生まれ。大阪外国語大学外国語学部ロシア語科卒業。翻訳家。主な訳書に『シンボル・コードの秘密――西洋文明に隠された異端メッセージ』、『なぜ神々は人間をつくったのか――創造神話1500が語る人間の誕生』、『世界の神話伝説図鑑』（以上、原書房）、『ヒトラーとホロコースト』（ランダムハウス講談社）、『ポンペイ――今も息づく古代都市』（中央公論新社）がある。

175